# 暗がりで本を読む

徳永圭子
Keiko Tokunaga

本の雑誌社

# 目次

## 本屋の日々

## 本屋の帰り道

## 暗がりで本を読む

装幀・装画◉クラフト・エヴィング商會［吉田浩美・吉田篤弘］

# 暗がりで本を読む

# 記憶の蓋

子どもの頃からずっと手先の不器用ぶりに困っている。すぐに失くし、驚くほど壊す。何もかも雑でどうでもよく、寝れば忘れるタイプなことが、辛うじて幸せだった。目が覚めたら突然、なんでもできるいい子になれないかしらと夢見がちな子どもだった。

住まいを転々として、子育てをせずに過ごすと、情景を焼き直すこともなく忘れていく。しかし思わぬところで記憶の蓋が開いたことがあった。

東京で通勤のしやすい手頃な部屋を借りた時、地名に聞き覚えがあった。そこは子どもの頃に読んだ『ぼく日本人なの? 中国帰りの友だちはいま…』(ほるぷ出版)という児童向けのノンフィクションの舞台。江戸川区葛西にある小学校に通う中国残留日本人孤児二世の話で、拙《つたな》い日本語で綴られた日記に先生たちが静かに奮い立つ姿が心の片隅に残っていた。八〇年代初頭、孤児が肉親を捜す番組が頻繁に流れていて、カメラに向かって流暢な中国語で訴えかける彼らは年老いて見えたけれど、私の両親とそう変わらない年頃だった。

今話している言葉を忘れてしまう日がくるのか。もし私が遠い国へ遣られたら家族の名前、住所、電話番号、生まれた場所、誕生日、あとは何を覚えていれば私を見つけてもらえるのだろうと、幼いながらも誰かに相談できることではないような気がしてひとり考えていた。そんな思いも随分と遠い日のことのように感じる。

ぼんやりとした自分を縁取るのに、言葉を欲し、探してきた。新聞やテレビやラジオに溢れかえる流行り言葉や、大人たちが使うちょっと懐かしい言葉、ことわざ辞典や漫才の頓智の利いた言葉を拾って使うのを、着る服を選ぶように楽しみにしていた。

つながる日々を裏返せるほどの大きな嘘をつく度量はなかったが、小さな嘘でごまかしてなんとなく大人になった頃、重ねた嘘の裏付けが欲しくて、読書は始まったように思う。始まる動機は何につけ不純で、いつもどこかに隠しては漏れる。

# 本屋の日々

# 本棚一冊分の隙間

そんなことも知らないのかと、憤慨するお客様を何度も目にした。書店員が覚えなくてはならないことは多く、何年続けていても知識は追いつかない。子どもたちの好きなアニメもファッションも、歴史ですら変わる。すべてにおいてプロはお客様の方で、店を愛し、育ててくださる方々に頭が上がらない。

謝りそびれたこともある。お客様の背中を眺めながら、〝そんなこと〟も知らないあの子は、これから帰っておいしいご飯を家族に作りますよと、叱られて震える胸の中で言い訳をした。次はお答えできるようにと諦めず、ずっと門前の小僧のようにしている。

本を読むのは偉いのか。

お金や時間を本に費やす理由はさまざまで、不可解な世の中を何とかして理解するために、行き場のない思いを解き放つために。手に職を、おいしいものを、健康をという求めもあれば、ただの暇つぶしや、ただただ読まずにいられぬ人も。

図書館や書店、電車の中で読者を別世界に誘う視線の先には、本や雑誌、タブレット、スマートフォンなどがある。活字離れで大変でしょうという答えの用意された質問に、相槌を打ってしまう事もあるが、どのようにして読むかは、読者が決めること。書店は抗うことはできない。

恐れているのは、誰もが長い文章を読まなくなること。書かなくなること。それが気づかないうちに進むことだ。店員がそこまで考えても仕方がないけれど、つい思う。

以前、河口のそばの店で働いていた時、夜遅く退社すると潮の香りがしたことを思い出す。建ち並ぶビルに隠れた夜の海が、奈落のようで怖かった。海は見えてもいないのに、本屋の足元は、一歩間違うと踏み外しそうな気配があるのだろう。

役に立とうが立つまいが、おそらく編まれた書を読む姿は尊い。本が整然と並ぶ書店が住み慣れた街に似て居心地がいいのは、そんな姿を見かけるからだ。次なる読者を追いかけて街に出る方が性に合う。営業の人たちと、生まれたばかりの本の育て方、売り方を考えるのは楽しく、今にも語りだざんとする背表紙の前でお客様と本の話をするのも面白い。

会話にならなくても、お客様が棚から本を抜き取った隙間を見つけては、そこにあった一冊のことを思い浮かべてみる。本が売れることは素直に嬉しいが、隙間に傷跡を見てしまうこともある。

誰かの体験や物語があるというだけで、安らぎや慰めになるだろう。黙って、次の本を探す。一人しか買わない本を一人のために一冊仕入れるのは、切実な仕事。守るべきものは何だろうかと迷う。

# カウンターの読書

数年前、閉店した近所の珈琲店から葉書が届いた。

——どんな夜でも、すっと本の世界に入っていくお姿が好きでした。たくさんの時間を過ごしてくださりありがとうございました。

丁寧な手書きの文字に胸が痛んだ。彼女は一人ひとりを思い浮かべてこの葉書を書いたのだろう。いい店は、通うことが務めだと年々思う。本も同じ。売り続けていないと。

最も落ちついて本が読めるのは、喫茶店のカウンター。顔を上げるとマスターと目が合い、シャイな店主は俯いて忙しそうに次の仕事を始める。時には読みかけの本や昔読んだ本の話をしてくれる。人のよさと仕事に対する厳しさが本から垣間見え、その店の珈琲がもっと好きになる。

博多でカウンターといえば、屋台。知らぬ同士が馴染みの客のようにふるまう。酔いに任せて賑やかに話していると、寂しさが湯気の向こうに遠のいて、本など閉じざるを得ない。よほど常連にならないと、読書は難しいかなと思う。

夜ならばバーもいい。本が読めるほど明るい灯りの下は、お酒も肌もほんのり紅く、同じ本でも、頁から聞こえる声の高さが変わる。バーテンダーの声にふと我に返って、この章を読み終えたら、席を立とうと自分に言い聞かせる。

いつもひとりカウンターにいるわけではない。寄り合って飲む時は、胸に温めている小さな野望を聞くのが好きだ。行きたい場所、会ってみたい人、会わせたい相手、聞きたい話等々、話題は汲めども尽きない。踏み出せば、遠くない未来にどれも叶いそうな夢。肩の力を抜いて、これから何を知り、何をしたいかという話をすることが増えた。

誰かの願いが実をむすんだ時、晴れやかな思いの中に、取り残されたような寂しさが伴うことがある。私はいつも新しくありたいのに、あなたは変わらないで、せめて忘れないでいてと思ういじましさから逃れられない。

そんな日は、枕元に本を置いて眠る。大切な人に薦めてもらった本などが良いかもしれない。目が覚めたら、昨日の私の置き手紙を読み返すように本を開いて、次へと進む。新しい朝がきたのだと。

本屋が毎日仕入れる本は、冬は冷たく夏は熱を帯びた外気を連れてくる。特に新刊は生もののような手触りで、棚にしばらく並んだ本より、わずかに重く感じる。売れ始めると、棚が笑ったようにほころんで本が軽くなる。本は何を吸い込んでやってくるのだろう。鞄の中の本も日によって重い。質量の謎だ。

はかりきれないものを、本は包んでやってくる。

# ブックオカの〝ドクフ〟たち

本屋で働いて二十年弱。本屋大賞や福岡のブックオカなど、十年程前から、本のイベントに参加するようになった。

どの話も酒場で立ちのぼり、数日後誰かが「あの件だけどさ」と口火を切ったあたりから話が進みだす。動けばお金。手弁当にも限界があるので、協賛者を募り、義理と不義理を重ねながらどうにか開催へ漕ぎつけてきた。大きな利益をもたらすことはできないので、せめて面白い出会いとハプニングを楽しもう。本が醸すまだ見たことのないものを若い人に楽しんでもらいたい。そんな気持ちで続けている。

今回は福岡で活動するブックオカのお話。「福岡を本の街に」と、九年。誰が名付けたのか、携わる女性たちは「婦人部」と呼ばれている。女子《ガール》ではなく婦人。猛女と

読帰の友
もんもん読書座談

も呼ばれる婦人たちが、今年はブックオカからちょっと飛び出して「読婦の友」という小冊子を作った。ええ、ドクフ。悶々と本を読む女たちが、あっけらかんと語る場所。デザインもちょっと縦長であらゆる意味ですこし「はみ出しちゃって」いる。枠やしがらみはとっぱらって。

酒場からとは言ったものの、大半は子育てや家族、仕事のため、夜の集いは難しい。打合せは朝。家族を見送り、仕事の合間を縫って寄り集まる。シフト制で働く私は遅番の出勤前に。朝から毒、いや読々しい話で盛り上がり、「では、来週までにまとめて、校正しましょう」とそれぞれの本業へ颯爽と消えていく。

その日の午後から夜まで、私はどんな顔で仕事をしていたのだろうか。鬱積した思いを放出しきって、眼鏡の奥がすこし晴れていれば嬉しい。同席したライターの正井さんから「お手紙書いてもいいですか」と囁かれて、にやけていたらごめんなさい。女同士なのに。

初号は、本棚にある「女の本」を持ち寄り座談会。どこまでも女、捨て置けない業《ごう》が凝縮した本の話だった。一方で豪快にしがらみを捨てる編集者・池田さんの話は痛快。生き方は本のタイトルと同じくらい多様だ。加えて福岡名物・元書店員のタカクラさんのコラムと和泉さんの愛書家探訪。酒をこよなく愛するご両人の肩書きは、文筆業でいいのかな。私は書方箋というお悩み相談を載せた。

出来上がった冊子の手ざわりは、手ぬぐいのように、さっぱりとしている。色もサイズも風合いも。ご挨拶にうってつけ。デザインを手がけた川上さんのそばにはいつもおいしいものがあり、里芋のせいろ蒸しなんぞ持ってやって来てくれる。やはり、読婦に逆らうことなんてできない。

# 残すこと、伝えること

三月がくるたびに、二〇一一年の春を思い出す。生きている限り忘れることはないが、思う時間はすこしずつ短くなっていく。

散らかった休日の児童書売場を片付けながら、小学生の頃に読んだ『八月がくるたびに』（理論社）という本を思い出した。長崎で被爆した少女が語る一九七一年刊の児童書。おおえひで著。印象的な挿絵は篠原勝之氏、クマさんだった。読んだことを口に出せないくらい怖くて辛かった記憶がある。戦後三十年を前にして、この本を作った大人たちの激しい思い。戦後はまだ終わっていなかった。

幼い子のために絵や言葉で伝えるとしたら、数十年後、私たちは何をと考える。

さて、目の前の子どもたち。付録が人気のコミック雑誌の発売日、店内の混乱に悩んだ結果、レジ内で販売をすることにした。ところがカウンターで「あれください」と言うのは想像以上にハードルが高い模様。レジではサラリーマンや学生と一緒に並び、いざ自分の番となったらカチコチもじもじで言葉が出ない。振り返ると大人たちの視線、背丈ほどあるカウンターの向こうに立つ大人に「えっと、あの、コロコロ……」消え入るような声を振り絞っている。何だか申し訳なく、できる限り元気にレジを打った。やっと買えた解放感と満足感。何の試練かね。緊張させてごめん、また来てね。

「また」と言えなくなる、明日のない閉店を経験したこともあった。いつか店を作る時は、緊張と安心が同時に感じられる店にしたいと、餞《はなむけ》の席を設けてくれた先輩にこぼしたら「それ、書いとき。思ったことはちょっと書いとくとええよ」と慰められた。温かい言葉だった。

書き留めたメモと今の思いに大差はないのに、読み返すといつも恥ずかしい。彼のひと言はこんなことを求めていなかったように思う。その意味をもう一度問おうとした時にはその人は遠く、聞けずじまい。レジに並ぶ子らと変わらないじゃないか。

誰に伝えておけば残るのだろうかといつの時代も人は思い悩み、民話やおとぎ話や歌に託した。映像や画像、アーカイブの種類は増えている。本がその一助となるには、姿形はできるだけスマートで背表紙にインパクトがあり、時の言葉に訳されて、いつでも手にとれる方がいい。新訳古典の新刊案内を見てそんな風に思った。

石に刻んで碑を遺《のこ》した人は、道すがら、目に焼き付けて訴えた。しかしいつしか石のある景色に慣れる。不謹慎な私は親しみのあるその石に寄りかかったり、気にも留めず跨《また》いだりするものだから、「文字禍」に遭いそうになる。紙に刻むのもきっと同じ。言葉に潰されないよう慎重に、翻《ひるがえ》る文字をなぞる。

# 本屋大賞の季節

博多は空港が近く、仕事終わりにひとっ飛びできる街。時間だけ考えれば、東京も近い。宿や早朝の機内で眠ってそのまま出勤することもあり、このままだと畳の上で死ねないんじゃないかと思う。

数年前の四月、本屋大賞発表会に向かう羽田行の機内のビジョンで、ニュースの最後に「本日の予定」が五行ほど映し出された。「本屋大賞発表」の文字に仰天し、ニュースなら他にもあるだろうよと目を疑った。大きな存在になった本屋大賞が手の届かないところにあるように感じた。

会場で出会う書店員は熱い。十年程続けている間には子どもたちも生まれ、育っている。ロビーで幼い子と戯れて、温かさや柔らかさに驚いたり懐かしんだり。二度目の花見を楽しめる年もあった。博多で散った桜もまだ都内では見ごろで、車窓から川面に映る桜を眺めるのも楽しみのひとつだ。

近くにいてもそういつでも会えるわけではない面々。いつか読む、いつでも読めると思って積みっぱなしの本も、気づくとその関係は古びて錆びついてしまうように、人も本も無沙汰は寂しい。手放す日までは、期待とともに、傍でその温度を感じていたい。

本屋大賞は、本屋が小説を売るための賞。売れなくては困るが、売れさえすればよいとはおそらく誰も思っていない。日頃無口な書店員が、頁を開いてお客様に近づいていくための賞として、身近な店員の親しみやすさを頼りに、こんなにも面白い物語がありますよ、私たちはこんな小説も薦めているんですよと、増刊号を毎年はためかせてきた。

一方でノンフィクションを売る心持ちは、すこし異なる。事実の内側にある真相を訴える本は、望まれた答えばかりとは限らない。好奇心についてくるうしろめたさを隠すため、つい饒舌になってしまうものもある。果てには事実を転がして、ジョークにまでする。人は笑う。私も笑っている。罪のない笑いに包まれて、何者かになった気分になる。

不幸にして事件の当事者になった時、ニュースは近いものを遠ざけ、遠いものを身近にすることを思い知るのだろう。

あのニュース、もう本になったの?と、お客様に驚かれた本が案外昔の作品だったことは多い。それは予言の書ではなく、真実を追い求め、残った一冊だ。噂話の種になどされてなるものかと、やむにやまれず生れ出る本。「書く」ことで整理され、より考え抜かれた文章を、私は売り続けたい。

機内ではよくそんなことを思い、メモをとる。窓から見える美しい雲や月から手元に目を遣ると、どちらも夢のように見え、いつの間にか眠りに落ちている。

# 棚の匂い

「何かお探しですか」とお客様に声をかける。本は心の中を映し出すものなので、気安く声をかけることはできないが、広い店内に気後れして帰られてしまっては、品ぞろえの意味がない。

年配の男性の多くは「家内が見当たらない」。それは困りましたねえと一緒にきょろきょろしていると「ああ、いた。お母さん、オイ」と、こちらに帽子のつばを上げ、目礼で去ってゆく。ところで本は、と言えない。どうぞ仲良く。

「恋愛小説を探しています」と十代の男の子に言われ「私、試されてる」とスタッフがバックヤードで長い溜息をついていた。書店道場はナントモ険《けわ》しい。

高校生の娘に贈る本を探す男性に、今人気の映画の原作をお薦めしたら、クダラン！

と叱られたこともあった。贈る人、受け取る人、双方の気持ちにピタリと合うよう、お客様の服装や表情、雰囲気を感じ取り、ブーケを作るように本を選ぶ。仕事を終えてもぼんやりとあれでよかったのかという気持ちが残る。

贈り物を選んでほしいというご依頼は、店の成熟ぶりを表していると思う。私たちの目を信じていただけるのなら、その期待に応えたい。

新しい店を作る仕事にも何度か携わった。各ジャンルの担当者が店の規模に合わせて発注する際、「どっちつかず」な本が必ずあり、ノンフィクションやエッセイが特に迷い込みやすい。迷いながら、時にはぶつかり合いながら作るので、本屋巡りがお好きな方は、紀行文や若手の学者の著作の並ぶ棚などに注目すると、しっくりくる店の理由がわかって面白いと思う。

携わった店は、その後の成長も気にかかる。定跡を外さず、旬を逃さない棚作りに正解はなく、頭の中でいつも新たな図面を引いている。お客様の目に足に馴染んだ図面が出来ていくので、不用意に変えると互いの調子が狂ってしまう。棚に本を並べながら、無言の会話が繰り返されて、店は出来ている。

丸善丸の内本店が出来て間もない頃、出張で棚を見てきた本の卸しをする取次《とりつぎ》の担当者が「大きくて圧巻でした。たくさんの人で作ったと思うんですが、所々、匂いがしましたよ」と笑った。こんなにも温かい目線で支えてくれた彼は早逝してしまい、博多の新しい店を見せることができなかった。本当に口惜しい。

棚を作る時、私の色を出そうとはもう思わなくなったが、匂いくらいはしてもよいかなと、時折思う。棚の前でよく似た後ろ姿を見かけるとはっとする。もちろん、別人。思わず目が合って「何かお探しでしょうか」と声をかけて、ごまかす。捜しているのは私の方だ。

# 少女たちの手紙

西川美和『永い言い訳』（文藝春秋）を最近男女問わず薦めている。見透かされているような真情吐露。温かさで終わらないラストに何故か救われ、時間差で登場する手紙やメールに打ち震えた。

予期せず読み返される古い文《ふみ》は、意を変える。

昨年の秋ブックオカ書店員ナイトに、東直子さんと西加奈子さんをお招きした際にも手紙の話をした。まだメールなどが無かった幼少時代、手紙を書いたりしましたかと尋ねたところ、「書いてましたよ！　文通してました！」と西さん。東さんはにっこりと頷いていた。唐突な質問だったと思う。

少女たちの手紙には容易《たやす》く人に見せてはならない暗黙の何かが潜む。その存在を聞

かれたら、私だって恥ずかしい。ましてや言葉を生業とする作家さん。質問するにもためらいがあったが、こんな機会はもう無いと、自分をせっつくようにして、聞いてしまった。

幼い時の体験が垣間見える小説の話を皮切りに、装画にもなっている東さんが描いた鳥の絵を西さんが購入した話、小説に表れる身体のことなど、息の合う東・西コンビから聞きたい話がポンポンと転がり出る。一緒に司会を務めた和泉さんと私は、ステージの左右で何度も目を見合わせた程だった。

最前列のもっと前。日々の仕事の労《ねぎら》いは、時々こんな形でもたらされる。役得だ。憧れてきたお二人の傍らで、肩肘張ることなく話を伺うことができたのは、西南学院大学の田村先生のもと、西さんと学生さんたちの読書論を事前に拝聴したお蔭だった。学生ひとりひとりに向けられる西さんの言葉はどれも優しい。久しぶりの長い机と浅い椅子、外から聞こえる運動部の声も相まって、心がほどけるのを感じた。

今思えば、子どもの手紙にさほどの用件はない。元気ですか。私は元気と近況を告げたら、あとは余白を埋めるべく、好きな子のこと、嫌いな先生のこと、テレビ、本、家族、友達。切り抜きやお気に入りのシールなどを添えるのも楽しかった。封をして、切手を貼って、近所のポストに投函する。旅や読書と同じくらい貴重な経験だった。

遠く離れた場所に、思いを共にしてくれる人がいる。その返事はすぐには来ない。やり取りは的を射た答えはなく、ただ相手の近況が綴られていても、構わなかった。大した理由もなくいつの間にか途絶え、再開の日はなかなか訪れない。

年中無休の職場のせいか、年賀状さえ疎《おろそ》かになったのに、ポストの差出口で逡巡する時間ばかり長くなった。飛び込む思いで放したら、あとはもう、なるようになれと開き直れたら楽なのに。

# 深呼吸の時間

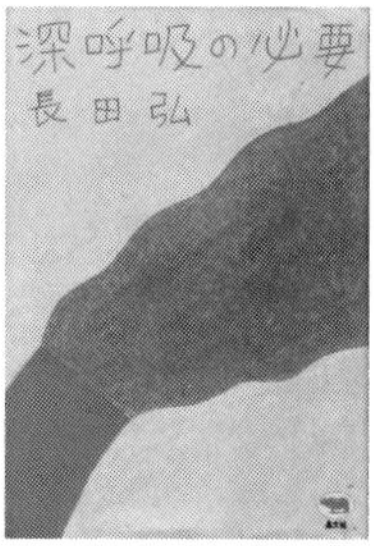


「本の雑誌」の楽しみといえば座談会。そうくるかという思わぬ幕切れもあれば、もつれっぱなしだったり。

古くからある座の文芸に、五七五・七七・五七五…と続ける連句《れんく》がある。座談に参加する時は、この式目を心に留めて臨みたい。その一つは前句に付いて、打越《うちこし》（二つ前の句）から離れるということ。ズームや俯瞰をテンポよく入れると、話はたゆまず流れていく。発句《ほっく》と挙句は挨拶と軽い祝言にして、捌き手、進行役への敬意を表す。起承転結が明確でなくても、このルールが整っていると座談や対談、質疑応答なども気持ちいい。

好きずきに飛び交う意見を、個々の違いがわかり、ピアニシモでも心を打つ主張が垣間見えるよう纏める編集者に、拍手を送りたくなる。

新潮社のサイト「村上さんのところ」で村上春樹さんが読者の質問に「たとえ不幸せになったって、人に嫌われたって、本を読まないよりは本を読む人生の方がずっと良いです。そんなの当たり前の話ではないですか」と答えていた。そうであってほしいと本屋として思いつつ、あまり本を読まなかった家族のことを考える。父の工具箱、車、母の裁縫道具など。

私はミシンを持たない。ミシンを踏まないよりは踏む人生。上手に出来なくても、針を持つ喜びを知った方がいいのだろう。

職場の同じフロアにある手芸店の方々が、休憩室でもせっせと何かを編んでいるのを見かける。好きでなくては勤まらないが、「好き」を職業にしても、お客さんでいた時の方が幸せだった、見るのもイヤとなってしまっては目も当てられない。バックヤードは美しく、風通しよく。新しい人も経験を積んだ人も等しく席に着ける場でありたい。

続けるには、憧れもあったほうがいい。憧れを生む人を追いかけて、会って話して、すこし褒めてもらえたら、次の坂道も登れそうな気がしてくる。

車に乗る、英語を話す、ボールを蹴る、走る、楽器を奏でる、布を織る、動物と過ごす、土に触れる、舟を操る、山に登る。できそうで出来なかったたくさんの事を、肩肘張らず始める軽やかな人たちを見習って、まずは、深呼吸をしたい。

長田弘さんが亡くなり、まず発注したのは、『深呼吸の必要』（晶文社）だった。本屋に勤め始めた頃、当時神田川沿いにあった晶文社を訪ねた際、入口の階段の隣の部屋に座る長田さんをお見かけしたことがあった。声をかける勇気がなかったあの頃。今ならばどうだろう。

詩の本が売れる棚を作りたいという思いは、ずっと変わらない。何故詩なのかはわからないまま、これは、わからない方がいいよねと、旧知の書店員と笑った。

# 読み返す本

小説を書く動機って何だろうねと、ブックオカの酒席で先生に尋ねられた。

そうですねえ、書き始める理由は多様にあるのでしょうけど、書き続ける人には憤りがあるかもしれません。

先生は翻訳や文芸評論などをなさっている。憤りねえ。確かにと、先生は杯を傾けながら、幾人かの女性作家の名前を挙げて、どれも憤りに満ちていて面白いよと教えてくださった。古今東西、怒れる女性たちは、皮肉が効いていて痛快だ。その刃《やいば》がこちらへ向いて、グサリとやられることもあるのに、痛いと言いながらまた読むのは、かさぶたをはがす心地よさのよう。咎められてもやめられない。

口惜しいことがあると、昔は早く忘れさせてくれそうなものに、身を凭《もた》せていた。

お酒だったり人だったり。どれもすこし毒がある。もっと健やかなもの、例えば動物とかスポーツや自然などに向けばよいのに、暗がりのある場所へ足が向いてしまう。

しかし近頃は、覚えておこうと思うようになった。傷つく時は軽く、喜びは深く。読み終えた頁に挟むように、出来事に付箋をつけて過ごす。そんな風に思い始めたきっかけは思い当たらないが、感情の置き場を見つけたのか、諦めが悪くなったのか。忘れてなんてやらないと思う。

読み返す本。そんな本はないよという人も、一度読んだ本を手放せないのは、またいつか読むかもしれない、誰かに読ませたいという不安や期待がある。あとは意地。ここまで揃えたのだから。二度と手に入らないから。愛書家は大変だ。

本を読む子ではなかった私は、幼い頃の読書の思い出があまりない。学習机の頭上の棚も揺らせばプリントが降ってくるような有様だった。下駄箱大の書棚を家族四人で使って間に合うくらいだから、私の本はジュニア向けの星占いぐらい。少年少女のための名作に、私は商品として出会った。職場の人は驚く程読んでいて、自分には思い入れがないこと、心象風景がないということに今も負い目を感じてしまう。

それでも中三の時には、同じマンションに住む子育て中の大学院生の女性がよく本を貸してくれた。彼女が選ぶのはヘッセ『車輪の下』やエンデ『モモ』など。受験勉強から逃れるための夜更かし読書。返す時、本の話をするのが楽しみだった。家事と子育て、研究に忙しそうな彼女が繰り広げる数分のアフタートーク。壁一面を本棚に囲まれた部屋は我が家と同じ間取りとは思えない世界だった。今私は本棚ひとつ。それでも引越し屋さんは皆、この部屋によく入りましたねと笑う。読み終えていない本がそこかしこに溢れ床を占領している。

# 野呂邦暢のブルース

本のある場所はすべて仕事場。そう思うと、仕事はいつも新しく、楽しい。自分の働く店だけでなく、他店の棚、図書館、古本屋さんも。近くに、いたるところが本棚になっているスリランカ料理の店があり、そこにもつい、行ってしまう。ヌードルカリーをほっほとつついて棚を見ると、オーナーの趣味がわかる面白そうな本ばかり。建築・ファッション・アート・カルチャーと幅広く、実はカレーが苦手なのに、食がすすむ。

本の前に立つ時、かるい興奮と緊張が訪れてオン・オフが難しい。ニュースや会話もどこか本と結び付けて聞いていて、気にしないつもりでも、なんとなく疲れてしまう。目を閉じ、耳を塞ぐまで休まらないなんて辛い。ペットを飼いたくなるのもこんな時だろうか。言葉を操る通訳はいつ休むのだろうかなどと寝入りばなにつらつら思う。

本の話が詰まった「本の雑誌」に初めて私の名前が載ったのは、二〇〇一年刊の『新恋愛小説読本』（別冊本の雑誌14）だった。まだ本屋大賞の生まれる前。紹介文を寄せていた書店員たちとは、その後イベントや仕事を一緒にすることになる。あの頃はまだ、顔も知らない人たちだったのに。会ってみると、本のイメージにふさわしい人たちで、彼女たちの作る棚を繰り返し見て、目立つことよりも、正しさを求めることの大切さを思った。仕事を続けていると、こんな巡りあわせもあるのが嬉しい。

『新 恋愛……』は一九八三年刊の別冊『恋愛小説読本』に対して名づけられた二十世紀の恋愛小説の総決算号。二十一世紀という言葉がまだ新鮮で、私の予想ではそろそろ本に挟まるスリップが無くなっているはずだった。日々、棚の本を抜いては戻しながら、まだあるなあと思う。

当時私は野呂邦暢の『日が沈むのを』（文遊社）を紹介していて、「終わった恋を思うのも恋愛のうちに入れてよいのなら」と、くすぐったいことを書いていた。「日が沈むのを見るのはいや」というブルースで始まるこの作品を今も時々読む。諫早出身の野呂作品が、続々と復刊され、全国の書店でも積まれているのを見るが復刊は嬉しくも、一度書店から消えてしまった理由を考える。できることはなかったか。ひとまず背表紙をそろえて、欠かせない本を整えてみる。

日が沈む。長く福岡に住んでいるのに、日の長さだけはいつまでも慣れず、明るいうちからビール、夜更けに焼酎という飲み方に、罪悪感を抱いて辺りを見ても、みんな平気そう。

日が沈むのを見るのは好き。

小説の中で書き換えられた歌を耳の奥で聞きながら、夜の帳《とばり》が下りるのを待つ。心鎮める夜よこい。

# 雨のブックオカ

秋のブックオカも十年目。古本市の日は忘羊社・藤村興晴さんの晴れ男パワーで毎年晴天が続いてきたが、私が妙に気合いを入れて取り組んだ一昨年、ついに雨が降った。実は雨女のようだ。昨年は午後、そば屋を出た瞬間に額にポツリ。本は雨に弱いので、咄嗟に会場の皆さんに声をかけて庇《ひさし》の中へ。毎年参加してくださる本好きな気象予報士・吉竹さんの予報通りの時間に降りはじめたことに感嘆したものの、雨やどりをしながら見る本は濡れてなくても寂しげで、誰彼かまわず謝りたいような気持ちになった。あと一時間ほどで止むという話を信じて待つと本当に止んだ。

窓から眺めるだけならば、雨も好きだ。西の温かい雨も、東の冷たい雨も、傘のある安心感さえあれば、雨読も楽しい。

イベントの後は、充実感と虚脱感が一度に襲う。疲労と後遺症がしばらく残るのは、理解と協力を得る努力を怠った時。十分な理解を得られれば、どんなアクシデントにも救いの手が差し延べられ、回復は早い。福本清二さんの本のタイトルを借りれば『どこかで誰かが見ていてくれる』（集英社文庫）。見られてもいると思うと、緊張もすべては解けず、案外に日常は張りつめている。

借景という言葉が好きだ。傍らにいるだけで私はその景色の一部なり、すべてを掌中におさめなくてもいい。

二度と立ちたくない場所もあった。もう大丈夫と思っていてもその場に行くと俯いてしまう。足早にエスカレーターに乗り込んで、ふいにガラスに映った私が、いつかの自分にならないよう、そこへ行く時はできるだけ新しい服を着る。進む足元だけを見ながら、放っておいても年をとるのに、馬鹿げているなと思う。

本屋大賞の会場の写真を毎年春にいろんな人が撮ってくださって、心から笑う私がそこかしこに写っている。嬉しそう。本を売ろうという人が集まって何かを起こしそうな気配が、人を動かす。張り切り過ぎて、また大雨を降らしてはいけないので、なるべくいつもと同じリズムでそんな気配を作り出し続けられたらと思う。

台車を押すスピードや、さくさくと組む五冊ずつの平積み。ずれた帯を戻して、多すぎたり少なすぎたりする入荷や返品に悩むいつものリズム。

物語や言葉を胸に留めているだけで、小さな本は、風景を変える。人もそう。印象的な人に逢った後は、物思うことも増えていく。

突然晴れの日は訪れるのかもしれない。その日のために靴は磨いておこう。本は読んでいよう。支度はいつだって足りないが、新たな景色に飛び込んで行くために、言葉を携え鞄ひとつ。旅慣れた姿で歩いていたい。

# ハコの力

夏の終りにラジオを買った。欲しい機能を電器屋さんに伝えて選んでくれたのは、十年前とあまり変わらない価格のＣＤラジオ。録音ができるラジオは少なく、店頭在庫切れも多かった。久しぶりに部屋に知らない音楽が鳴り、ああこの感じが必要だったのだと気持ちよく本を開いてみたものの、もうひとつ忘れているような気がした。

最近映画を観ていない。昔は出張先や旅先で映画館に入ることもあった。日常的に映画を観ていると、予告編で相性を見抜くことができ、通りすがりの映画館のポスターを見ても迷いがない。こぼれた涙を乾かした店や、主人公と同じ服を探しに寄った洋服屋さんまで、作品の印象に含まれていた。今も毎日映画館の前を通っているのに。若い頃の暇つぶしだったかもしれないとも思う。忙しくなり、そんな時間もお金も

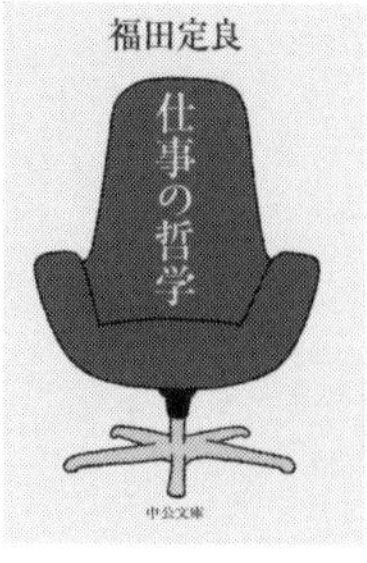

ないし。だってみんなもそうでしょうと掌を縦に振ると、大切な会話まで指先から振り落としてしまいそうで、ぐっと堪えて来年はもっと映画を観るぞ、本も音楽も…と小さく誓った。

あのシアターで掛かるなら何でもかまわないと時間が空けば足を運ぶほど、ハコの力も信じていた。帰り道、冷えた街との温度差を感じて歩く。ひとりの熱狂は、語り出すこともできず、持ち帰るしかなかった。

ハコの中には人が居る。選ばれた作品を見て街の人は育つのだから、その人の役割はとても重い。本屋もその数パーセントを引き受けていると思うと、背筋に冷たいものが走った。やらなくてはならないことの多さに「体力」のひと言がよぎる。本屋というハコを信じてもらうために、必要なもの。一冊として人手に触れずに売れていった本はなく、背表紙の自然な流れを作るのも、カバーを折るのも、小さな付録も、当たり前を続けるにはとにかく体力がいる。

松山巖『建築はほほえむ』（西田書店）や福田定良『仕事の哲学』（中公文庫）など

を読みながら、そんな仕事の楽しみ方を考えてきた。思うようにならないことは多いけれど、終わった瞬間に次の仕事が生まれていて、そのつなぎ目がよく見えないというのは、本当に恵まれているのだと思う。

年の瀬が迫ってきた。大晦日は例年、仕事の後に川端のそば屋で一杯飲んで、温かいそばを食べて帰る。年の終わりにめくる本を「年越し本」と呼んでいて、ゆく年の締め、年の初めの願いのこもった本になる。今年は何にしようかと自宅や店の棚を眺めるが、明日の新刊にするかもしれず、古い本を手にしてみたり。

テレビを見ながらでも、家族と賑やかにしていても、手元に一冊。初夢を選ぶように、皆さんもぜひその手に本を。

# 細い道を

高校時代の大半を過ごした雪深い新潟・長岡の街で、帰り道の楽しみは本屋のはしごだった。学校の傍には図書館もあり、そのあと本屋、コンビニ、古本屋という流れは今となってはなんとも贅沢な帰り道だ。ファッション誌と週刊誌を読むことが大好きで、立ち読み部所属なんて呼ばれるほど、迷惑な客として日参していた。駅前のファーストフードでひと休みして、雁木《がんぎ》の中をとぼとぼ歩く。雁木というのは雪国ならではの風習で、軒先を雨戸のように囲って屋根付きのアーケード歩道のような細い道を各家が作る。どこまでが道でどこからが他人様の家なのかよくわからず戸惑った。

帰り着くとラジオの前に座って、番組表片手に録音をする。バブル末期に建てられたマンションはケーブルで関東のＦＭ局も聴けたので、カセットテープのやり取りにとにかく忙しかった。ＣＤレンタルにも日帰りプランがあり、小さな繁華街をジグザグと一日何往復もしていた。

毎日通る歓楽街で、呼び込みのお兄さんと野菜の皮むきに余念のない中華屋さんや洋食店の店主がすれ違いざまに挨拶を交わすのをなんとなく聞いていた。低い雲から目をそらして見えるのはそんな暮らしぶりで、スーパーのレジで並ぶ列に目鼻立ちのはっきりした女性たちがいつもいて、小柄な女性たちはわかりやすい英語を使い、ロシア語を話す女性は皆大柄だった。彼女たちは一人で歩かない。

家の周辺の道はとても複雑で、何軒かの旅館とたくさんのお寺があることを、八月の花火の夜の喧噪と大晦日の鐘で知った。結局覚えきれないまま、引っ越してしまった古い街のあの旅館が遊郭だったことに、最近本を読んでいて気づいた。

もっと幼い日は帰り道、よく石ころを蹴って歩いたように思う。家まで辿り着いた石はなかった。石ころひとつ持ち帰れないのに、忘れない約束なんてとてもできない。横道にそれて落としてきた思いは、踏みしだかれて戻ってきても私のものかどうかわからない。

# 本屋の帰り道

# いつでも迎えてくれる「いい加減」の群れ

春休みの親子連れが毎年、課題図書を探しにやってくる。合格発表から入学までの間にレポートを書くためだそうで、ここ数年は新書が多くなっている。十年程前は近隣の女子中学が澤地久枝『おとなになる旅』（新潮文庫）を採用していた。満州からの引揚体験、おてんばな少女時代、性への目覚めなど、厳しくも優しく人間の生きる姿を描き続ける作家の原点が子どもたちに向けて綴られていて、学校生活のスタートをこんな本で迎える少女たちを思うと、宿題とはいえ羨ましい。しばらく入手困難だったが、内容が近い集英社新書『14歳〈フォーティーン〉満州開拓村からの帰還』が刊行された。帯に描かれた少女は真直ぐに読者を見つめ、心を摑んで離さない。岩波現代文庫に入った梨木香歩『僕は、そして僕たちはどう生きるか』の解説も澤

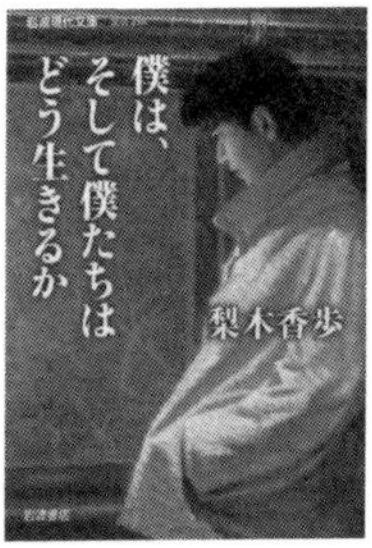

地さん。一九三七年刊吉野源三郎『君たちはどう生きるか』（岩波文庫）の主人公コペル君と同じ愛称のコペル少年は、平和になったはずの現代の読者に訴えかける。「人が生きるために、群れは必要だ。強制や糾弾のない、許し合える、ゆるやかで温かい絆の群れが。」

都市に残されたわずかな自然を求めて、染織家の叔父ノボちゃんと親友のもとを訪ねることから始まる濃密な一日。親友ユージンが学校へ行くことをやめた理由も、少女インジャが身も心も引き裂かれた魂の死の体験も、大人になった私には覚えがあり、忘れてきた無神経な過去だった。

コペル君の考える「群れ」は人がひとりになることも了解してくれ、いつでも迎えてくれる「いい加減」の群れ。自分を保ち、言葉を尽くす力の必要を知った彼は、考え続けて生きていく。

売場でいろんな十代を思い、未来を塞がぬためにこの本を売る。コペル君の迸《ほとばし》る思いに子どもも大人も揺り起こされるだろう。誰もが上昇を信じた時代、ぼんやりと過ごした自分の十代をすこし悔やむ。

# 言葉の深淵を知り、言語を奪う罪の重さ

ジュンパ・ラヒリが新たな言語・イタリア語で書いた『べつの言葉で』（中嶋浩郎訳・新潮社）に、茫然としている。言葉を追いかける理由、本を読む理由を言い尽くされてしまった。

幼い日に渡米したラヒリは両親の母語であるベンガル語で育つ。やがて学校生活の中で英語と出会うが、最初はベンガル語が恋しかった。しかし読書をするようになると、ベンガル語は後退してゆく。両親と交わされる母語だけでは、自我を育てることができなくなり、英語での読書に夢中になっていく。

二つの言語、どちらとも一体になれず、属する言葉への不安や孤立感を打破するように、イタリア語を覚え、家族とともにイタリアへ渡る。言葉を繰り出す作家として

身をもって行う実験を、謙虚に書き留め、読者にさらけ出す大胆さ。人生を裏返してしまう勢いだ。

エッセイの合間に挿入された掌編小説は、今までのラヒリの作品とはすこし異なり、不安定な感触。体の奥で覚えているはずなのに、思い出せない昨夜の夢のような手触りだった。主人公は「ベッドのぬくもり、一気に読んでしまう良質の本を愛していた。これらを味わうためなら、永遠に生きていてもよかった」とこよなく人生を愛する一方で、自分のアイデンティティーとしているすべてのものは、自分を閉じ込めている牢獄なのだと言う。

ラヒリの小説の独特な湿度も充分にあり、訳された日本語もとても心地よいのに、いつもと感触が異なるのは言語によるものなのかと迷いながら読んだ。

英語では絶対にこの小説を書かなかったという告白に、言葉の深淵を知り、言語を奪う罪の重さを再び思った。

言葉の海を泳いで渡る困難。何のためにという答えが要るのなら、この本の偶然に開いた頁を読めばわかる。

# 絵を見て、文字を読んで
# 繰り返し考える

絵の中の陰影は、ビブラートのように人の心を揺さぶる。画家・髙島野十郎の風景画は陰影が時を止めてしまい、しばらく動けなくなった。

没後四十年髙島野十郎展が、昨年末から年始にかけて福岡県立美術館で開催され、数回足を運んだ。多田茂治『野十郎の炎』（弦書房）や静物画「すもも」を函の中の表紙にした川上弘美『真鶴』（文藝春秋）に出会ったのは没後三十年頃だったから、あれから約十年。川上さんの文章も寄せられた公式図録は『髙島野十郎　光と闇、魂の軌跡』（東京美術）として、書店で手にすることができる。絵画の迫力と魅力を伝える手の込んだ解説のほか、絵画修復の専門家による作品保持にかける画家の思いについての記載もある。「雨　法隆寺塔」は水の被害から大変困難な修復の後、不幸に

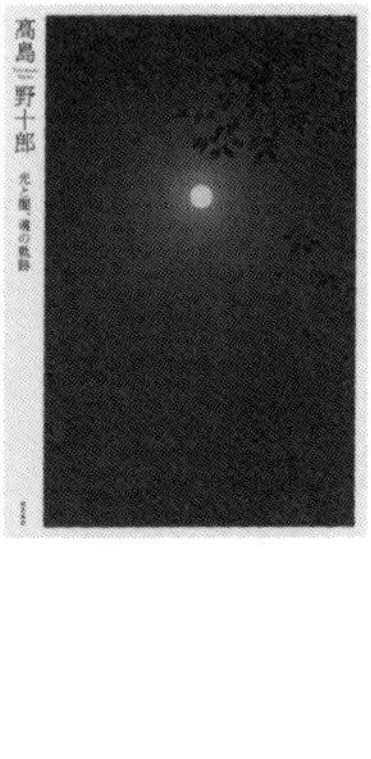

も火災に遭遇してしまっている。驚きは修復技術だけでなく、野十郎本人の技法もその被害を最小限にしたという。適正な割合で練り上げられた油絵具を用いた良好な絵具層と、カンバスの裏面に施した平滑な油性塗料により、「堅牢な油絵の条件」を満たしていたことで、修復と作品の存続を可能にした。今、私たちが眼にしている絵画は、弛《たゆ》まぬ絵画への造詣によるものだと図録から知る。

遺稿ノートの全文も掲載されている。ここに何を宣言したのだろうかと、絵を見て、文字を読んで繰り返し考える。野十郎の直筆書簡を以前見たことがあった。個展の招待葉書に丸善と書いてあり、孤高の画家は、晩年まで何度も日本橋の丸善で個展を開いていた。日本橋店の窓辺に立って野十郎を求めて訪れたお客さんのことを思うのも嬉しい。ここはそんな場なのだと。

古びない絵と対峙《たいじ》して、百五十年以上続く本屋の一角にいるのはひとかたならないことなのだと実感している。

# 日常を重んじつつ、あらゆる事象に疑ってかかる

春になると手にするシンボルスカの詩集『終わりと始まり』（沼野充義訳・未知谷）。

「またやって来たからといって／春を恨んだりはしない」

「眺めとの別れ」の一節を思い出し、その前後の言葉を確かめようと本を開くと、いつも読み耽ってしまう。

詩は難解な言葉で読者を惑わすものよりも、諳《そら》んじた一節を不意に口ずさめるようなものがいい。

シンボルスカの詩は、簡潔な言葉で日常を重んじつつ、あらゆる事象に疑ってかかる。

「束の間の一瞬でさえも豊かな過去を持っている／土曜日の前にはそれなりの金曜日

があり／六月の前にはそれなりの五月がある」（「題はなくてもいい」）

すこし乾いた言葉がユーモアを生み、読者の席を温め、背を支える。難解であることを拒んでしまうのはつまらない。私が全く理解できないものを、軽々と飛び越えて、そこが一番面白かったという人もいる。しかし簡潔さを選ばなければならない程、言葉を交わせる時間は限られていて、いつも焦っている。

「戦争が終わるたびに／誰かが後片付けをしなければならない／（中略）／誰かがほうきを持ったまま／いまだに昔のことを思い出す」（「終わりと始まり」）

短い時を生きているはずなのに、万能感を持ち合わせた人は、退屈しのぎに新たな戦いを始めようとする。彼らの大義もあるのだろうと、焦る者は貧して、強気な言葉になびいてしまうが、シンボルスカは「眺めとの別れ」でこう結ぶ。

「わたしはあなたよりも十分長生きした／こうして遠くから考えるために／ちょうど十分なだけ」

詩は遠くない。散文と詩、無理に分類する必要はないと思いながら、棚の前で置き場を決めなくてはならず悩む。なんて贅沢な悩み。

# すれ違いざまにそっと頭を下げる

裁判官生活を、本を通して美しく描く元東京高裁裁判長のエッセイ集『裁判官の書架』（白水社）。時々本を薦め合う元上司から感想を聞き、手に取った。転勤先の沖縄や京都、甲府等の文化や歴史に奥深く触れた文章や、英国で〝ジャッジ〟として過ごした日々を読むと、著者が人の中に流れる「時」と堆積した「思い」を見る法律家なのだとわかる。

思いは正しい方向を向いているとは限らない。時の不遇によって、目前の人や事実を正面から見つめることが困難なこともある。世界の国々で紛争が絶えない理由の一端を、歴史に学び背景を知ることが、冷静な判断の根底にあることを司馬遼太郎『愛蘭土紀行』（朝日文庫）やカズオ・イシグロ『日の名残り』（土屋政雄訳・ハヤカワe ｐｉ文庫）などに寄せる文章に垣間見えた。

法律を用いて、審理、判決、弁護する。その結果は多くの人の一生を左右し、判例として、後世の裁判へ引き継がれていく。重責は仕事に携わる限り消えることはないが、日々緊張を解くには、読書や人との触れ合いが助けになっていてほしい。坂口謹一郎や千松信也など、本と人の世界に深く潜り込んでゆく姿に、本屋としてもほっとした。

鋭い歴史観や政治理論、内なる情熱がほの見えるお客様に時々出会う。実はこんなお客様を、何気なく目で追い、すれ違いざまにそっと頭を下げてきた。著者もそんな方々の一人のように思う。

重厚な読み手の書評は、既に読んだ本をも手に取らせる。足立巻一『やちまた』（中公文庫）を本棚の取り出しやすい場所に置いているという。今の私に必要な本はここにもあった。

法律書は巻末に我妻榮『民法講義』（岩波書店）のみ。いかに解釈し、事件を解決するか。法律家の思考の出発点をこの本に示す。専門書にまでは手が届かないが、長年の経験の上に、学びを重ねる人がいる限り、必需品となる本の棚を整える指に力が入る。

# 根っからの「教えたがり」のサービス精神

雑誌「建築知識ビルダーズNo.24」は建築家・宮脇檀氏の「住まいを考える」（初出・モダンリビング）の復刻が綴込付録だった。旅と家族を愛した建築家の食事や住まいに関する論考は、辛口の批評があれば、口惜しげな懺悔もあり。目まぐるしさはそのまま色っぽさになっていて、蘊蓄を傾けるのではなく、根っからの「教えたがり」がもたらすサービス精神も尽きない。

宮脇氏が日大生産工学部の教壇で実際に用いた手作りのテキストは、中村好文氏・中山繁信氏ら講師陣によって再編され、『眼を養い　手を練れ　宮脇檀住宅設計塾』（彰国社）として刊行されている。

「眼を養う」とは、良い建築を見て、生活の知恵と知識を、いろいろな国の文化や生活

を知ること。美しいものを見ること。それをスケッチ・実測し、模型を作り表現する。よい家具に触れ、クラフトし、好奇心を持って理解する。体を動かすことを厭わず、「手を練る」。面倒くさいという言葉は禁句とする。

人ひとり、生きていくにも、倚《よ》りかかる椅子と灯りが要る。通風や回遊性も求められる。ではそれ以外に何が本当に必要かという問いの答えは多様で、面白い。千差万別。食べるところ・寝るところ、寝食を基本に住宅について内部から平面図・配置図・立面図により多くの検証が行われた。

女子学生だけを対象とした特殊なクラスで、建築や居住空間を一から学ぶために教材は都度作られた。建築のみならず、楽しんで生きよという愛情に満ちた教科書になっている。

宮脇氏の父は洋画家、母はアップリケ作家で、幼い頃から住と職が近い。育つ場所に生業が存在することは、生活感に大きな影響を与えるだろう。持ち帰りの仕事でさえも。

眼を養い、手を練れ。本を読むことも、そのひとつ。コラム「良い本を読もう」のブックリストも付いている。師に学ぼう。

# 積読していては手遅れになる本

季節商品のない春、折角だからと掌編を選んで並べてみたら、最初に売れたのが、むのたけじ氏『詞集 たいまつ』（評論社）だった。売るために並べた本が売れて、何故かすこし驚く。

隣はＮＨＫドラマの棚。暮しの手帖編『戦争中の暮しの記録』も同日に売れていたのでレジの控を見たが、同じお客様ではなかった。

装丁も本文の組み方もスマートで、古びず、実感のこもった言葉が生きたまま続いている。本はおとなしいメディアで、私が頁をめくらない限り、自ら語りださないのが良いところ。しかしこの本は、今すぐに開いて読んでほしい。積読《つんどく》していては、手遅れになる本かもしれないと焦りを感じる戦後七十一年目になった。

雑誌「暮しの手帖」に寄せられた戦中戦後の生活者の言葉には、悲しみや口惜しさの下に沈む諦めを感じるものが多くある。帰らぬ時間と失った人のことを胸に抱え、貧困の中生き延びるために捨て置いた感情が燃え残っているように見えた。

雑誌掲載時のあとがきは花森安治氏。「いったい、すぐれた文章とは、なんだろうか。ときに判読に苦しむような文字と文字のあいだから立ちのぼって、読む者の心の深いところに迫ってくるもの、これはなんだろうか」編集者として、この号が保存され後の世代に読まれることを、冥利これにすぎるはないと残している。小さな手帳や原稿用紙に書き留められた日本全国のやりきれぬ証言は、一冊の本にまとめられ、版を重ねている。

暮しの手帖社が麻布十番にあった頃に訪ねたことがある。女子学生が数名、白衣を着て、大きなシンクの前でせっせと洗い物をしていて、おじゃました談話スペースのリビングのような空間に驚き、憧れた。北新宿に移った社屋は広々と明るくモダンだった。新宿から向かう道すがら、住宅街を猫たちが悠々と歩いていた。

# 曖昧な問いの本質

毎日私の知らない本を仕入れて売っている。新入社員の頃、心理学の棚に置かれた中井久夫氏のエッセイをレジでよく見かけた。その名を知って数年に一度刊行されるみすず書房の新刊を読むうちにその文章のとりこになり、最近は、ちくま学芸文庫『精神科医がものを書くとき』を、持ちやすさも手伝ってよく開く。

表題作は学生時代に出会った友人の話から始まる。理論物理学者の友人を火星人、生物学者を金星人とひそかに呼んでいた。当時のＳＦでは、火星は幾何学的な運河と抽象的な建築のひっそりと並ぶ他は風の吹きすさぶ砂漠であり、金星はジャングルの鬱蒼と茂る世界だったと友への親しみを宇宙になぞらえた青年は、医師となり、臨床・研究の傍ら精神医学分野の古典やギリシャ・フランスの詩を多数翻訳し、書評や名エ

ッセイを引き受ける。

「病気の前より安定した状態をめざす」「遅れをとったと焦らない」「(医療は)土木技師や造船技師がそうである程度には(ヒューマニズムにもとづいている)」。また、彼らと同程度にビジネスです」。

箴言と呼ぶに相応しい中井氏のエッセイは、決して読者を煽り立てたりせず、言葉が経験として、積まれていく喜びを残して、次の問いへと行く。根を張る樹々に触れて歩くように、一編ずつ易しく読めるが、その森の奥深さを伝えるにはどうしたらよいのか。斎藤環氏の解説で、中井先生はいっさい「体系化」を志向しなかったと聞き腑に落ちた。

どんな本も、スタッフやお客様の顔に紐づいて頭の中に仕舞われている。本というモノだけに依っているなら身体の疲れしか残らないが、「もっと売りようがあるのでは」という曖昧な問いが、頭上の雲のようにのしかかる。そんな「雲」の本質も本書で解かれている。曇天も必要な空だ。

## 自身にもまとわりつく〝虚〟に気づく

松山巖さんの新刊『ちちんぷいぷい』（中央公論新社）は、東京に棲む「死なれた者」のひとり語りによる五十の連作短編集。前の話を継いでいるのに、ふたつ前の話からは離れていて、二軒先の様子など、滅多なことではうかがうこともない、都会の軽さが心地いい。どの人物も憎めず、こんな人いそうよねと思える程の変わり者。愛すべき人たちだった。

例えば一編「風鈴」。夫が出張先で買ってきた冬の風鈴は、夫の亡き後も、妻の耳の奥で、ちりんちりんと鳴る。次の「二階の人」で家屋は家主が変わり、仕舞屋《しもたや》風の料理屋となった。窓辺の風鈴の音色は表れない。読者が物語の中に棲みつけば、忘れなかった者の耳にだけきっと鳴る。

松山さんならではの建築的視点も豊かで、街路樹、暖炉、吹き抜け、記憶の中の地図と風景がいくつも甦る。許せる嘘が次々転がってゆく楽しさは、因果が巡る落語のよう。

表紙にも描かれた「薊《あざみ》」は、渋滞のタクシーの中に咲いた。薊の押し花を挟んだ詩集を紛失した男性客と、ドライバー。二人は立原道造の詩の一節に、ちくりと胸を刺される。薊の花言葉は復讐。復讐は次の「手料理」へと続いていく。

中盤は、「オニ」「ピエロ」「嘘」「愛」と禍々《まがまが》しい題が並んだ。虚実を楽しんでいるはずが、自身にもまとわりつく〝虚〟に読者は気づいてしまうだろう。振り払ったら何が残るのか。

カメラマンだった息子を事故で失った男が、息子の姿に思いを巡らし、生まれた時、死ぬ時、数多の感情を切り取った掌編「決定的瞬間」で連作は締めくくられる。

いい表情をいつもパチリと覚えていたい。そんな願いが歌仙のように美しく巻かれていた。

消えるなら私でよかったのにと、虚しさのあまりに、身の回りを片付けながら、つい明日読む本を買う。そんな絵空事が恋しい日にはこの本を。

# その分量に似合わぬ軽さは「ベッタカ」みたい

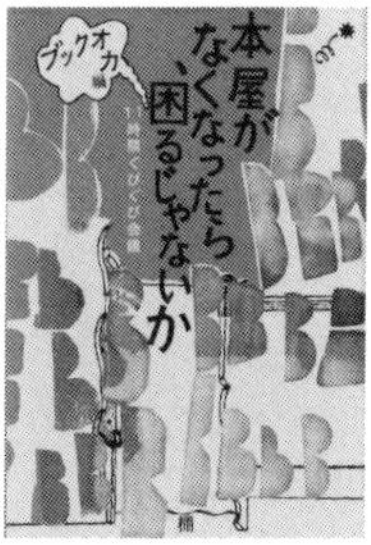


ブックオカの本が遂に出た。出版社・取次・本屋が車座になって二日間語り尽くすというクレイジーな企画の熱風を、本を生業にする人だけでなく、あらゆる人に届けるための工夫が編集者藤村・末崎両氏によって散りばめられている。こぼれ話は紙幅が足りない程。いつかどこかでお話を。

昨年の秋の手帳を繰ると、津野海太郎さんのトークイベントでとったメモがあった。

「思いもよらなかった運動。本ですることなんて、読書会くらいしかなかった」

運動という言葉に叩き起こされる。そう呼ばれるほどの信念や覚悟が私にあったとは言いづらい。津野さんのお話は新日本文学に始まり、晶文社時代のこと、小さなメディアの必要性などに及んだ。会場には弦書房を興した三原浩良さんや石風社の福元満治さんもいた。面白い本を世に深く投げかけてきた人たちが、今も途上であるかのように語り合えることの羨ましさを消し去ることができず、その夜『おかしな時代『ワンダーランド』と黒テントへの日々』（本の雑誌社）を読み返し、津野さんの日記の一節「当分、この集まりに力をそそぐつもり。混沌の中からひとつの形がきりだされてくる。そんな集団的な時間の中に身をおきたくなった。形ができあがってしまったら魅力は半減する」を手帳に書き写していた。何度読んでも四七八頁が瞬く間。面白い本はそういうものだ。

『本屋がなくなったら、困るじゃないか』（西日本新聞社）を初めて手にした知人はその分量に似合わぬ軽さを「ベッタカみたい」と言った。「別冊宝島」ああそうかと私の中で落ちついた。晶文社の雑誌「ワンダーランド」はやがて「宝島」と名を変え、版元も変わって名のみが残るが、本書に宿るＺＩＮＥの心意気は近いと思う。

懐かしさばかりを口にすると何かを失ってしまいそう。素振りだけでも新しくして、生き延びる強《したた》かさも欲しい。

# こぼれる人生をすべて掬い上げる言葉が頭を離れない

緻密な短章が、精密機械を組み立てるように続くアンソニー・ドーアの『すべての見えない光』（藤井光訳・新潮社）。水面の月のように美しい翻訳小説だった。
フランスで暮らす盲目の少女マリー＝ロールと、ドイツの炭鉱町の孤児院で育った少年ヴェルナー。父とともに逃げ惑う少女と、妹を残して優秀な技術兵として戦地へ赴く少年のふたつの空を、戦時下で禁じられた異国のラジオの波がつなぐ。
少女マリー＝ロールは父手製の街の模型を頼りに歩き、父娘でよく本屋を訪れた。誕生日に贈られた点字の物語は世界を広げ、色のある想像や夢の世界を膨らませてくれる。しかし、戦争という巨大な手は、優しい父の手の温もりを引き剝がしていった。
少年ヴェルナーは士官学校に進むが、見るに堪えないリンチや捕虜を嬲《なぶ》る狂気の集団の中で、科学を愛する少年は心を凍らせ未来を諦めていく。

逃げ隠れた屋根裏部屋や、砲撃によって生き埋めになった地下室。二人はそこにいない父や妹の声、冒険小説や科学書を思い起こしながら、閉塞の恐怖や孤独に耐える。なんと勇敢なのかと少年が心を寄せた時、少女は言う。

「違う。ほかにどうしようもなかったのよ。朝に起きて、自分の人生を生きているの。あなただってそうでしょう?」

突き放すようで、こぼれる人生をすべて掬い上げるマリー＝ロールの言葉が頭を離れない。

子どもたちで賑わう夏休み、ヴェルヌの『海底二万里』をよく尋ねられた。「子ども向けの方がいいですか」と聞くと「両方見たい」という子が多く、店内をジグザグと並んで歩くのが楽しい。自然の美しさ、冒険の愉快とスリル、それらのもつ詩情をやがて彼らは知るのだろう。どんなことがあっても、自分の人生を生きようねと小さな背中に投げかける。訳者あとがきにも子どもたちが微笑んでいた。

# どの雨にも空の思いがある

雨。客足は遠のくし、体調も崩しやすくなるのであまり好きではないけれど、自分が書いてきたものを読むと雨が多い。テレビの天気予報をよく見るようになったのは、小学生の頃のこと。ＮＨＫで倉嶋厚さんの解説を聞き、いつもホッとしていた。どんな陰惨な事件や賑やかなニュースの後でも、日々変わらぬ姿勢で真剣に、時にはユーモラスに季節の動きを伝えていた。

『雨のことば辞典』（倉嶋厚・原田稔編著・講談社学術文庫）は雨にまつわる言葉を集めた読む辞典。文庫版あとがきには近年の気象用語も解説されている。四季と言葉に興味のある人は、手元に置くだけで雨の日の憂鬱も和らぐと思う。齢を重ねる程、天気予報を見る時間が長くなる。北から南、気にかかるどこかで時雨れていたりするもので。話が逸れた。

本書では、「暖かい雨」と「冷たい雨」を降水物理学からも説いている。雨粒を作る核となる氷晶の存在が降雨のメカニズムの本質。ならば冷たい雨がとけずに地上まで届く「雪」以外に、亜熱帯で降る雨はどのようにして雲から雨粒に成長するのか。そんなことを易しくコラムにする倉嶋さんの文章は、画面の向こうに表れた姿と同じように温かく瑞々しい。

春の雨は「もの静か」、五月雨は「降り続く」ことを本意としてきた。このような雨の美学の定型についても、人々の審美眼や生活の変化により、新しい雨の姿が開眼されているという。形のない空を言葉で留め、言葉は空とともに変化しているのだ。どの雨にも空の思いがあるように感じる。例えば、「天泣《てんきゅう》」は、空に雲が全く見えないのに、照りながら降る雨。関連として「宇宙由来の雨」が引かれる。空にはまだ謎が多い。そういえば、博多でよく聞く雨の日の「しろしい」は載っていなかった。知りたい方はどうぞ博多へ。

# 灰色の空の思念と謎を追って

堀江敏幸氏の作品はどれも、随筆と小説の境目がわからぬまま吸い込まれてしまう。きっとその土地は存在するのだろうと、地図や歴史をさまよい歩くのが、楽しい。『曇天記』（都市出版）では、街の風景や行き交う人の影、中也や賢治の詩篇に、灰色の空のような曖昧なものを集めて、曇り空の思念と謎を追う。

雨雲のように鈍い反応をする駅員、レースを紅茶で染めようとして失敗した空の色、三日続いた曇り空のような表情、夢想を誘う青空に浮かぶ雲、十二月の昼がやわらかく育てる無音など、よそよそしく、ちょっと浮かないけれど、心優しい雲の色が並んだ。

春夏秋冬を二周ほど過ぎた頃、東日本大震災が起きた。一度でも激しい揺れと目に見えない恐怖を体験した者は、あの揺れをずっと体の奥で感じながら生きている。予報でも予定でもない「予知」に近い身体の感覚は鋭くなり言葉も揺れた。

震災直前の一編では、冬の寒空からの連想で、宮沢賢治「永訣の朝」の一節を引いている。

「どうかこれが天上のアイスクリームになって／おまへとみんなとに聖い資糧をもたらすやうに」

震災の最中、空から降り注ぐ霙《みぞれ》さえも恐れなくてはならない状況下で、天上のアイスクリームは新しい意味を持ち始める。

曇り空の下、淡々と続く二頁ちょっとの街の寓話をいつまでも聞いていたい。書体は筑紫アンティーク明朝。いつもの精興社の文字より低い声のように感じた。

# 縦横無尽、天才翻訳家の授業

学びたい。いくつになってもそう思う。
『ユリシーズ』（河出書房新社）などの実験的な作品や、『チョコレート工場の秘密』（評論社）といった親しみやすい物語を訳した天才翻訳家、柳瀬尚紀氏は、厳しさと品を保ちつつ、ことばの世界へ漕ぎ出す者たちの背中をぐいと押す。

ことばと戯れるうちに、気づけば学んでいるような特別授業が待っている『ことばと遊び、言葉を学ぶ　日本語・英語・中学校特別授業』（河出書房新社）を是非手に取って、縦横無尽に読み耽ってみてほしい。文字どおり、縦書き横書き、手書きに絵文字、俗字に本字、古字などなど。言葉の妙味は尽きず、飼い猫が嫌うほど手垢まみれになるまで辞書を読みこみ、言葉を掘り下げ磨き上げる過程や、授業に関わった大人たちと、リメリックという滑稽詩の掛け合いをしながら競馬観戦するくだりも、あまりの真剣さが笑いを誘う。

柳瀬氏の繙く英語と日本語の世界に身を投じ、洒落のきいた投げ掛けに生徒たちが巧みに打ち返す。瑞々しい知的欲求がまぶしいほどだ。

難解な言語や文字、歴史がわかり始める高揚感に読者を誘いこみ、柳瀬訳の醍醐味である「創語」の源泉を惜しみなく披露した授業に、コトバが笑いながら近づいてくる感じがした。恐れることなく、躓《つまず》いて、新たに覚えなおす。間違いに心痛める必要などない。

「人間の記憶は忘却の穴だらけ」と柳瀬氏も訳した大作家・ボルヘスも言っているくらい。言語という最大の奇跡をあなたの紙と鉛筆で起こそう。

# 絡み合った重さとユーモア

シャーウッド・アンダーソン『ワインズバーグ、オハイオ』（上岡伸雄訳・新潮文庫）は、アメリカのオハイオ州にある架空の田舎町について綴った二十五編。どこにも正しさが謳われず変わりゆく時代に対する漠然とした不安が全体に漂っている。なんでこの本を選んでしまったのだろうと後悔しながらも、「変人」や「語られなかった嘘」のような重さとユーモアが絡み合った作品を薦めずにはいられない。

老作家は、長い人生のあいだにたくさんの思いを頭に溜め込んでいた。ベッドに横たわり夢うつつの時に、姿かたちの崩れた者たちが行進を始め、慌てて書き留めたのが「いびつな者たちの書」。崩れているのは形だけではない。ひとりひとりが持ち合わせた真理までもが、形を失っていくのだ。

「手」はワインズバーグに馴染めない苺摘みの男の話。無口な男は、籠の鳥が羽をばたつかせるように表情豊かに手を動かすが、彼の手と少年をめぐる過去が物語の空気を一変させる。〝目立たない人々の珍しくて美しい性質〞が街に溶け込める時代が訪れるだろうか。

若き新聞記者ジョージ・ウィラードが、よい聞き手という存在で短編の世界をつないでいる。舞台は馬車の時代。古くから続く宗教や因習に抗い、絶対的な幸福はなくとも、人生の矛盾を抱えて、新しい世界へ旅立つ若者の行方を想像してほしい。世界は広いと知る現代でも、小さな関係を継ぎ接《は》ぎして生きることに変わりはない。百年経ても古びない物語を、トウモロコシ畑や市場の郷愁溢れる新訳でどうぞ。

# 光を失って見える事物の本質

優しい雰囲気のエッセイに、鼓動の高まりが止まらなかった。

『世界でただ一つの読書』（集英社文庫）には、物語を深く読み、普遍的な魅力を伝えようとする緊張感が、心地よく保たれているからだろう。

三宮麻由子さんは四歳で光を失っている。

吉本ばなな『TUGUMI』（中公文庫）を、大学の友達が朗読した五時間近くのテープで読んでいた。ばなな作品に横たわる海が、穏やかな波音と旅先の家族の寝息を呼応させ、幸福な子ども時代に抱く泣き出したくなるような将来の不安を思い起こす。

感性豊かな読書が続いた。語学の天才だった漱石の騒々しい音世界、与謝蕪村の句に聞こえる音風景。数字や記号に色を感じ、小川洋子の小説に静穏を聞き取る。ハリ

ー・ポッターや宮部みゆき作品では、未知の力やおぞましい記憶がもたらす行動や現実を知り、谷川俊太郎や賢治の詩からリズムや沈黙を感じ取る。

「心の目で見ればよい」という慰めに幼い頃から反発を感じていた著者が、大学の夏合宿で『星の王子さま』を精読、議論することになった。「世界に一つしか存在しないとはどういうことか」を皆で思索し、哲学的に掘り下げ、事物の本質を心の目で見よと説く先生の言葉に力づけられるエピソードも胸に残る。

上質な文学論に自身の体験を交え、ユーモアを忘れず日々を生き、自然と対峙する。麻由子さんの描く世界は鮮やかだ。読書を通して、万物が存在することの価値を見据える姿勢の美しさに息を飲んだ。

# 映画や古典戯曲から学ぶ原理

法律や人権、デモクラシーは誰のためにあるのかと平凡に暮らす私でさえ思う。どこから手を付けたらよいのかわからない疑問に『誰のために法は生まれた』（朝日出版社）で、法学者の木庭顕は「いちばんいいものは、手加減なしに伝わるんだね」と中高生と一緒に、映画や古典戯曲の面白さを堪能しながら法の本質を掘り起こす。

名作映画「近松物語」（一九五四年）や「自転車泥棒」（一九四八年）を糸口に問題が提示され、古い作品への敬意が、人間への敬意につながっているのが語り合う生徒たちの姿に見えてくる。

追い詰められた登場人物は結果的に罪を犯すのだが、この授業で想像を膨らませた彼らは、誰を守るために法が存在するのかを考える術を、いつのまにか手にしていた。

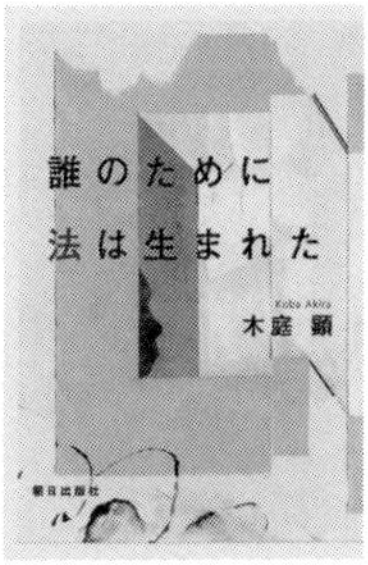

他人の立場に立ち新しい考えを得て、自分の境遇からかけ離れた存在を想像すれば、一見冷たく見える法の世界もその感触は全く異なってくる。

答えを導くプロセスを意識しながら、次に紀元前のローマ喜劇やギリシャ悲劇に挑み、「言葉の自由」が実現しうる方法を探った。

「憲法があるから、表現は自由で、言葉は自由だ」と安易に考えず、社会の中で自由は実現可能なのかを話し合う。個人にとってかけがえのないものを集団の存亡のために奪う犠牲の過程と負の連鎖を多くの古典は訴え続けてきたのがわかる。

古典を通して現代の法に踏み込むと、法の原理がより浮かび上がった。その変化に目が離せない。より深い考えを得るためにもっと古典を読まねばと思う。

# 死んだ夫は何者だったのか？

読者は形のない愛を組み立てては崩す体験をすることになる。平野啓一郎『ある男』（文藝春秋）がとてつもなく面白かった。二歳の次男を病で亡くし、夫と別れ、長男を連れて故郷の宮崎に戻ってきた里枝。文具店を営む実家に身を寄せ、時々画材をもとめてやってくる大祐と再婚する。娘が生まれ、幸せを摑んだ頃に、夫・大祐の事故死という不幸がまたも襲った。

大祐の死後、数少ない親族に報告を試みると、夫は別人だったという事実が浮かび上がる。夫は何者だったのか。真実に触れるべきか否かの複雑な感情の中で、里枝は弁護士城戸に、夫の過去と家族の未来を託した。

城戸が触れる人物は、誰もが人間味溢れ、罪を犯した者にさえも一縷の光がある。

前回紹介した『誰のために法は生まれた』の一節「追いつめられた、たった一人を守るもの」が何度もよぎった。誰も生まれながらに人殺しのはずがない。そんなことすら証明できない「言葉の心許なさ」も城戸によって吐露される。働き盛りの城戸が随所に見せる夫や父としての戸惑いや、一線を越えまいとするいじらしさも魅力的だ。

気づけば小説の中で子どもたちが成長している。中学生になり口数の減った長男悠人の読む芥川の作品を里枝が読んでみるシーンが印象的。分かち合えないものを知る喜びがそこにはあった。

すべてを知るよりも、今ここにいる存在と手にした日々を愛せたらいい。過去に躓き、今を迷っている人に薦めたい。

# しつらいの美しさと自由

花と料理の共演にまず吸い寄せられた。可憐な姿はどちらも儚《はかな》く、写真でしか残すことのできない凝縮された時間が、平井かずみ、渡辺有子、大段まちこ『花と料理 おいしい、いとしい、３６５日』（リトルモア）の頁の中に詰まっている。細やかなレシピの日もあれば、ただひと言積年の思いが呟かれている日もあり、添えられた言葉の抑揚も面白かった。

フラワースタイリスト、料理家、フォトグラファーの三人が、三百六十五日を花と料理と写真、そして言葉で綴っている。季節の中の一瞬を逃さぬように、駆け足で楽しんだら、また来年と見送る感じが、寂しくも楽しくて、その上おいしそう。私は料理が得意ではないので、おいしいと実感をこめて書けないのが悔しいけれど、しつら

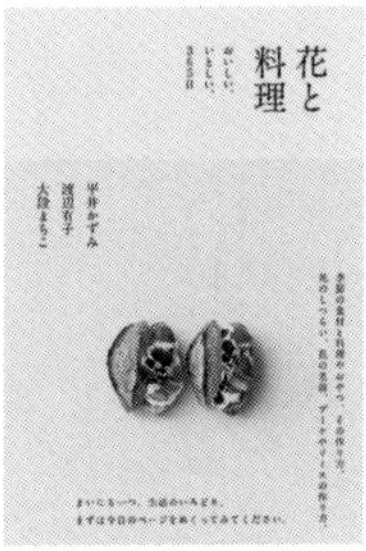

いの美しさと自由さにうっとりと読んでいる。

一つの素材で二日分の頁もあった。素材を手にした喜びと香りを写した翌日は、心とお腹を満たす料理に。植物の最後の姿まで見届けたいと名付けた「干し花」や和洋の菊の楽しみ方、上手く生けたくないなと思わせる水仙の花など、生き物と直面する時のためらいも、ありありと書かれている。ハーブのことをもっと知りたくなった。

過ぎ去った季節のことを忘れて、暑さ寒さを繰り返す中、ほんのすこし前まで覚えていたはずの気持ちをこの本で呼び起こし、ちょっと疲れた毎日を静かに祝いたい。

十一月最初の金曜日、突如ギフト包装が増えた。年の瀬、大切な人に本を贈るなら、この本を薦めたい。言いそびれたお礼や感謝の気持ちをこめて。

# 繊細に描かれる自然と友情

都会育ちのピエトロと北イタリアの山岳地帯に生まれ育ったブルーノ。対照的な少年が友情を結び、大人になるまでの心の動きと体験を繊細に描いた長編小説、パオロ・コニェッティ『帰れない山』（関口英子訳・新潮社）。山にはいつも死の予感がある。それでも人は山に魅せられ、森へ入り渓流を渡り、山道を進む。前半で光るのは野性味溢れるブルーノの生命力だった。彼は街の子のような教育を受けるよりも、一人前の働き手になることを求められ、一足早く職人として、大人の世界に溶け込んでいった。

山間部の厳しい暮らしぶりは父と息子、夫婦の間にも立ちはだかった。しかし高原を映す言葉の美しさは、その険しさをも凌駕する。

樅《もみ》や唐松が伸び、木陰には西洋杜松《せいようねず》や石楠花《しゃくなげ》が生い繁り、ノロジカが隠れている森を愛した母。ピエトロはアルプス草原や渓流、泥灰土《でいかいど》、高山植物、牛や羊の放牧を好み、父はさらに標高の高い、色彩も岩肌の鈍色《にびいろ》の人を寄せ付けない山岳の世界を目指した。そんな好みの違いを語り合う温かく普遍的な家族の姿と、二〇一〇年代イタリアの経済危機により生まれた世代間格差が同時に描かれ、この物語が古典ではなかったのだと我に返る。

独り身で自由に生きるピエトロと家族と牧場を抱えるブルーノ。どちらも叶わぬ願いを持ち、壮年の悩みを深めていた。ブルーノとピエトロは互いの父の死後、二人の手で山に一軒の家を建てる。信念を曲げずに生きてきた友情の結晶でもあり、少年時代の思い出を閉じ込める繭のような存在に家はなっていった。

繭に籠り、自らを掘り下げる時間をいつどこで持つべきなのか。時を背負った帰れない山が問うてくる。

## 喪失感漂う掌編 生死を写す詩

喪失感漂う掌編の悲しみの底に浸っていると、飛ぶ鳥の速さで詩が逃げてゆく感じがした。そわそわと次の物語を求めると、生と死を写しとった詩が追ってきて、頁をめくる手が止まる。

小池昌代『影を歩く』（方丈社）は身近に起こりそうな小さな悲しみや寂しさを色っぽく綴った小説の合間に、詩が置かれた短編集。

タイトル通り、様々な「影」が登場する。どうしても踏めない自分の影、いつまでも見ていたい街路樹の影、四十を過ぎた娘の顔に差す影やレギュラーになれない子の表情、選ばれることを待ち、秘かに思いを沈めた影の色は暗く濃い。

光ある場所に影は伸びる。しかしそれを言葉にすると、生きることの甘苦がじわりと浮かんだ。

自分を宥めるためにレモンを買ってテーブルにころがしておく話は、何度読んでも面白い。枝から捥《も》がれてやってくるレモンの存在感を著者は「レモンの充実」と呼ぶ。心の大きさと容量はレモンほどのものかもしれないと、青い影をつけてレモンをスケッチしてみる。色、香り、感触、硬さ、酸っぱさ、苦み。描ききれないものを記憶の中に投影してみると、そこには傷が見えてきた。痛みさえ甘美なものにするにはどれほどの歳月がいるのか。歳を重ねてみなければわからない。

弱くあることや負けることをどこかで肯定している感覚が、迷いながらも切々と描かれていた。木漏れ日のような温かさと揺らぎに満ちた一冊。

# 野生生物と共存する発想

表紙の片目のフクロウは、光量に合わせて瞳孔を収縮させる魔術のような能力を持つ。

『フクロウの家』（伊達淳訳・白水社）の著者トニー・エンジェルは、一九六九年、自然の残るシアトル北部の郊外に、妻と四人の娘と移り住んだ。嵐の過ぎた朝、前夜聞いたフクロウの声を追って森に入ると、巣であったはずの木が倒れていた。まだ繁殖は可能ではないかと寝室の窓の外に立つヒマラヤスギの幹に巣箱を固定し「憩いの家」と彫る。家族によるフクロウ観察は、自然と人間の程よい距離感と穏やかな時間の流れで進んだ。

春、地面に落ちた雛を見つけて助けてよいのか著者は迷い、雛をフクロウの家族のもとに戻してやる方法を娘たちと相談する。手を貸すのは木の傍まで。雛は嘴と羽を上手に使って一歩一歩自力で戻っていった。

家族でフクロウ一家の出現を記録し、案ずるのみ。周辺の森に残る野生のコミュニティーの機能を理解し、「フクロウ一家はわたしたちの庭仕事を容認してくれていた」という共存の発想が全体を包んでいた。

画家、彫刻家の著者が、つぶさに描いた百点近くの挿画を楽しみ、文章をじっくり読める。神話や古典から現代のファンタジーまで。人々の心に印象深く登場するフクロウの遊び心と、秘めたる怒り、断固としていて瞑想的なところを作品にしたい芸術家としての思いと、観察眼、探究心がクロスした重厚で爽快なエッセイ。多様な種を知り、敬意をもって森や水辺を守る提言は毅然としている。

## のぞき見趣味と言われても

書店員として「お客さんが何を買ったか誰にも話してはならない」と教育されている。何十年もそれを守っているけれど、『絶景本棚』（本の雑誌社）は読んだら噂をせずにいられない。職業も年齢も様々な三十四人の本棚のカラー写真を、堂々公開。何がすごいって、背表紙のほとんどがはっきりと読み取れること。高い撮影・印刷技術が駆使されている。

社会経済学者の松原隆一郎氏や作家・京極夏彦氏の本のために誂えられた憧れの書斎もあれば、編集者・日下三蔵氏の約八万点、崩壊気味の書棚や校正者で辞書研究家・境田稔信氏の辞書二十六棹分といった魔窟や迷宮も多数。インタビュアー・吉田豪氏に至っては、浮き沈みの激しいタレント本の間にドレミまりちゃん号（天地真理の自

転車）や特捜最前線のボードゲームなどお宝？が溢れている。

エッセイスト・宮田珠己氏の書棚は、歴史や文学、ひとつのことを長く考えさせる本たちが、博物学への興味や旅情を奮い立たせる。数年前までどこの書店にもあった独自の好奇心や冒険心が詰まっていた。あの感じ、どこへ行ってしまったのだろう。個人が自由に発信できる時代、旅行記などの刊行が減ると、どうしてもジャンルとして縮小しがち。切れ味鋭く、心躍る面白本や旅立つ勇気のない者を慰める本がもっとあることを伝えたいと思う。のぞき見趣味と言われようと、棚見物《けんぶつ》はやめられない。私の書棚が雪崩ている現実には目を瞑《つむ》って。

# やわらかな光が照らす真実

「あなた自身が住みたい家を、建ててください」。奇妙な依頼だった。建築家青瀬の会心作となったY邸の施主吉野は、電話帳と一脚の椅子を残し、姿を消す。横山秀夫『ノースライト』（新潮社）は、消えた一家の消息を追うミステリーと思って読み進めると、徐々に物語の様相が変わった。

青瀬には離婚した妻ゆかりとの間に娘が一人いる。二人がまだ夫婦だった頃、いつか建てたい家について語り合った。夢の違いは小さな歪みを生み、好景気に沸いた仕事の忙しさに二人の関係は壊れ始める。バブル崩壊による失業をきっかけにすべてを失った青瀬は、飼っていた鳥までも空に放った。鳥の声と高い空が本作の重要な鍵となっていく。

かつての同僚岡嶋に拾われた青瀬。たった五人の建築事務所が挑む大きな壁、美術館を巡る建築コンペのロマンと挫折も、忍び寄る権力の暗躍と重ねて描かれた。やがて悲劇は起こる。その夜、青瀬が新聞記者に浴びせた「思い上がるな！」の叫びに滲んだ絶望と死者への敬意が、割れんばかりに響き渡って物語の風向きを変える。

Y邸を包む北窓のやわらかな光「ノースライト」は、青瀬の幼き日々の憧憬。日向子という娘の名にも垣間見える懐かしい光が、世代を超えた恩讐となることを誰が想像できただろうか。

形ある作品を遺した者、何も遺さずこの世を去った者。どちらも未来に捧げる真実を持っていた。世間は目もくれないとしても、青瀬と読者はそれを知る。

# 老魔術師の美しい嘘と魔法

二十世紀初頭のプラハ。母を病で亡くし悲嘆にくれる貧しい少年モシェは、ドイツからやってきたサーカスに魅了され、ユダヤ教の聖職者である父のもとを飛び出してしまった。せつないおとぎ話とユーモアを絶妙に織り交ぜながら、モシェはサーカスで道化師から奇術師、魔術師となってゆく。

エマヌエル・ベルクマン『トリック』（浅井晶子訳・新潮社）の、もうひとつの舞台は二十一世紀のアメリカ・ロサンゼルス。裕福でちょっとわがままな少年マックスは、父親の持っていた古いレコードで知ったザバティーニの魔法で両親の離婚を思いとどまらせようと、魔術師捜しの家出を試みた。

実はザバティーニとは、モシェの芸名で、かつて名声を得た魔術師は周囲の期待を

とことん裏切るスケベ爺《じじい》に成り果てていたのだった。七十年の時を経てマックスとモシェは巡り合う。

パーティー会場でマジックの公演中に寄ってきた子どもはモシェの捻《ね》じ曲がった腕を見て屈託なく「どうして拷問されたの?」「何の理由もなく?」と問う。ピザにチーズをふりかけながら、虚空へ向かってモシェは答える。

「ナチスがしたい気分だったから」。

モシェはたくさんの嘘をついた。ホロコーストの大量殺戮の前に生き延びる手段は選べず、嘘とトリックと祈りと呪いを命と引き換えに使ったが、愛する者を守れず、孤独に生きた。晩年を迎え、少年マックスの願いにモシェはどんな魔法を使ったか。美しい嘘と魔法を繰り出す男の人生は、残酷な歴史が遠い昔のことではないと物語る。

# 複数の「私」を明かす「鏡」

鏡の中に現れるたびに女は姿を変える。折りたたまれた複数の「私」を明かす「鏡」の存在を、文学やモード、風俗や思想を通して論じる文章は華やかで憂いがあり、山田登世子『女とフィクション』（藤原書店）は読むほどに心が躍った。

鏡花水月いずれも、手の届かぬものへの恐れと憧れは尽きないのだと思う。

モーパッサン『女の一生』やデュラス『愛人』の水は、せせらぎや青い海原とは異なり、昏《くら》く重い。抗えぬもの、哀しみの象徴として想像力豊かに小説の中を流れてゆく「水」。虚構と現実を渡ろうとして、溺れるのも、読書の楽しみだ。

少女小説における「月」の系譜は『ハムレット』のオフェーリアから中原淳一、川原由美子、そしてよしもとばななへと続いた。うるんだ瞳に浮かぶ白い光は今も読者の心をかき乱している。

型に嵌められたくはないが、流行にのって身を飾りたい欲求や自意識もある。そんな戸惑いの本質を少女や娼婦、老嬢の視点から見抜かれると、ひとたまりもない。バルザック『人間喜劇』や『サラジーヌ』に登場する男女たちの反動を論じた「ミックスサラダの思想」が特に面白かった。掟や制度も俯瞰してみればまるでフィクション。性別、支配、あらゆる境界線を越えて歩き出せる時代になり、排除によって成立する制度が古典と呼ばれる時が来るまで、読み、書き、身も心も震わせなくてはと思う。著者は福岡県田川市出身のフランス文学者。既刊の『月の別れ　回想の山田登世子』山田鋭夫編（藤原書店）にあるボタ山にまっすぐに立つ少女の視線も忘れられない。

# 福岡時代の思い出重ねながら

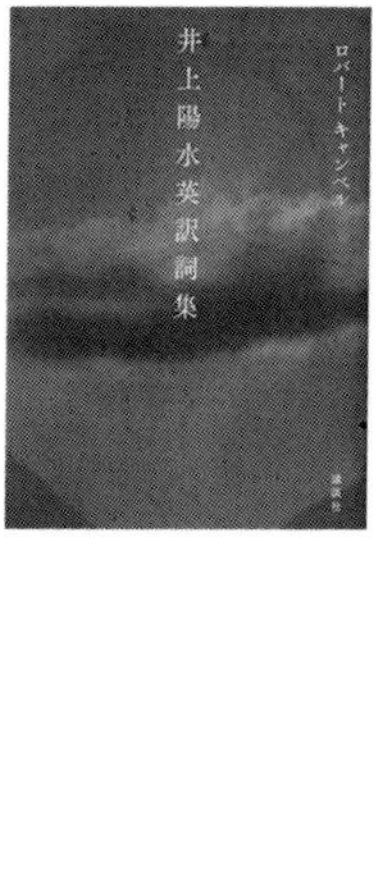


「傘がない」はI've Got No Umbrellaではなく、No Umbrella。傘を持たないのは〝I〟ではなく、人類。傘は平和や優しさの大きな象徴になる。

ロバート・キャンベル『井上陽水英訳詞集』（講談社）で、主語の少ない天啓のような歌詞を訳す試みは、井上陽水本人に疑問をぶつけるという大胆で贅沢な手法で解かれていく。

抽象的、曖昧な言葉の連なりが不条理な世界を写しとる「東へ西へ」や「ワカンナイ」の訳も面白い。押し寄せる危機の中を回遊しながら、しなやかに生き続ける人物像が浮遊感を含んで訳されていった。

何故、陽水なのか。近世文学を専門にする著者は震災後、知己のある宮城・鳴子温泉で、車座になって本を読むブッククラブを立ち上げた。人の心が繋がり、解放されていく座と文学の力を感じていた夏、病を得てしまう。病床で思い返した場所は、九大勤務時代によく通った西中洲から春吉周辺のリバーサイド。変わりゆく街から取り残され、路ひとつ隔てた場所に佇む人々の哀しみも、訳詞の背景になっていた。

詞の翻訳はキャンベルさんにとっての「病床六尺」だった。筑紫哲也ニュース23のエンディング曲「最後のニュース」の最終行では、Simplyというほんの一語が悩みなき眠りを誘う。

読むほどに思いが重なり、また口ずさんでいる。呼応する二人の感性を楽しみながら、辞書を片手に陽水の世界へ潜り込むと、馴染みある詞がわずかに動き、同じ頁を何度もめくっていた。

# 黙々と生きることの美しさ

深い孤独の中で過ごした一人の男、アンドレアス・エッガーの物語。ローベルト・ゼーターラー『ある一生』（浅井晶子訳・新潮社）。

養父からの虐待で傷つけられた足を引きずりながらも逞しく成長したエッガーは、独立して小さな家を持った。やがて、食堂の給仕係マリーと恋に落ちる。発展途上の農村はロープウェー建設に沸き、エッガーも作業員として働いた。仕事と家庭を持ち、人生は息を吹き返したように活気を帯びるが、ある夜の雪崩で全てを失ってしまう。その後従軍し、抑留され捕虜として送った過酷な生活の記録には、歴史に名を残さない多くの男の記憶も凝縮されていた。

八十年の人生の中で何度も描かれる葬送の情景も印象深い。養祖母の棺からはみ出

した手、養父の葬列に飛び込んできた子どもの透き通った笑い声、妻マリーの死の無念と静寂が、彼の無常観の中に潜んで見える。

晩年も、悲しみの重さと痛みを他人に預けず、山岳ガイドとして働き続け、細い坂道を上るように、黙々と生きた。

「ちっぽけな震える水滴が辛抱強く草の先端にぶら下がり、それでもついにはこぼれ落ちて」。彼のすくい取る景色は緩慢で、透き通るように美しい。

不安定な時代の国家を疑いながら、心の平安を保って生きたエッガーの発する言葉は少ない。寡黙な男の目に映った自然、戦争、積み重なる時と過ぎてゆく日々は、ひと言足りとも読み飛ばしたくないと思った。

# 幸福感の中に孤独の侘しさ

歩道で、本屋で、チケット売り場で、電車の中で…。擦れ違う人々の声を自分に投影し、生まれた思考を言葉にして切り出す主人公の凛々しさが光る、ジュンパ・ラヒリ『わたしのいるところ』（中嶋浩郎訳・新潮社）。大きな事件は起こらない。連作の隅々に小さな幸福感が転がっている中に、孤独の侘びしさや、人と関わるうっとうしさも存在している。

駅に隣接する美術館は主人公お気に入りの場所。仕事帰りに頻繁に訪れる。長椅子に座って歴史を感じながら庭園を眺めるのが至福の時だ。その椅子は観光客にとっては、旅の疲れを癒やす椅子。空間を満喫する作法は人それぞれで、分かち合う自由が描かれる。

許容しない者への苛立ちもある。旧友の自己中心的なふるまいに神経を逆撫でされ、輝きを失った友人の目に気づいてしまった。友人の夫は本棚を眺め、一冊貸してほしいと言う。断り方も鮮やかで、自分に課した孤独を貫く姿が美しい。

何処の場所でもない、主人公の内面を見つめる章も三編ある。私のことを書かれているのではないかと、息を詰めて読んだ。

ジュンパ・ラヒリの両親はベンガル人。二歳で渡米し、英語で多くの小説を発表してきた。家族でイタリアへ移住し、本作品もイタリア語で書かれている。多様な言語で、表現の中に自分の居場所を見つけ、世界へ向かって進む作家の作品は、しなやかで強靭だった。心地よい雑踏に迎えられるある一日を描いた「日だまりで」が特に好きだ。パニーノを片手に語り合いたい。

# 年月を経て忍び込む死の影

アウシュヴィッツ強制収容所での体験を書いた『これが人間か』『休戦』や文学に溶けゆく化学者の視点を幻想的に描いた『周期律——元素追想』『天使の蝶』などを発表し、一九八七年にこの世を去ったプリーモ・レーヴィの全詩集『予期せぬ時に』(竹山博英訳・岩波書店)。

非人間的な存在は、平易な言葉で、何事もなく生きる人々から時間や陽光を奪う。レーヴィは散文では抑えていた、年月を経ても夢にまで忍び込む感情を詩で埋めていた。生き残った者が元の世界に戻る時に抱く違和感が詩集全体に満ちていて、〝下までの高さを測って〟いた「ある橋」や〝足跡で砂に刺繍し〟た「逃亡」など死の影が明確に見える。

「ポンペイの少女」では〝千の太陽の光で壁に焼き付けられた〟広島の女学生に代わって〝天からの災いだけでもうたくさんだ〟と訴えかけた。「百人の男たち」や「黒い群れ」のように、韻律を踏み、対象をじりじりと変えてゆく詩もある。正体の見えない抽象的な集団が生み出す不穏な世界が描かれていた。化学技師としての文学的視点を開く詩も多い。「始原に」「黒い星」「星界の報告」「プリニウス」など、広い宇宙や博物を映す詩の一方で、動植物をモチーフにした数々の詩は、達観したユーモアを湛えていたりする。

予期せぬ時に、衝動に屈して生まれたという詩は、示唆に富み、明晰さを失わずに読者へ届く。五十ページにわたる詳細な訳者解説で、また小説も読み深めたくなった。

# 生きる営みはかくも冷酷に

北海道の厳しい自然環境の中で、養蚕やミンクの養殖、ハッカ栽培、煉瓦工場、羽毛の採取などが栄えた時代があった。心血を注いだ仕事に陰りが見えた時、誰もが家族の未来のために決断を迫られる。養蚕で得た絹で仕立てた晴れ着を着せて娘を人手に渡す「蛹《さなぎ》の家」。戦争によって夫を奪われ、栽培を中断されたハッカ農家の妻を描いた「翠に蔓延《はびこ》る」。どちらも女たちが暗い未来に、強い言葉を投げかける。

正義感で犯した幼い罪を人生の最後まで抱えて生きる「頸、冷える」や自尊心を育むことができなかった少年時代をぶつけるように鳥を狩る「南北海鳥異聞」は無口な知人に過去を告げられているようだった。

新しい産業に就くことは、時流の罪を背負わされ、贖うことを求められるのか。生きる営みはかくも冷酷だったかと打ちのめされる。懸命に働く者の命や生活は地域産業の盛衰によって奪われてきた。憤りや諦めに満ちた人生であっても、河﨑秋子『土に贖《あがな》う』（集英社）には貫かれる生命力と自然への畏怖があり、胸を詰まらせながら読む手が止まらなかった。

馬を働き手として重用した時代の蹄鉄職人と小学生の息子との会話「うまねむる」や、工場での労働の果てに仲間をなくして帰宅した夫の痩せた身体に毛布を掛ける妻の溜息「土に贖う」に温もりを感じた。憐憫のない抑えた文章で、絶望の底が抜けぬよう踏みとどまる辛苦が描かれた短編集。これが真実なのだと思う。

# せつないだけでは終わらない

もう若くない男女の恋は、できれば新しい出会いに持ち込みたくない過去を背負っている。気を許した相手を前に、ポロリと落ちる本音がどれも愛おしかった。

朝倉かすみ『平場の月』（光文社）の青砥（男）と須藤（女）。中学時代の同級生が偶然再会する。場所が病院というのが何とも中年。どちらも名字を呼び捨てにするのは、あの頃のまま。程よい距離感を探り合って、互いの家を行き来するようになる。

冒頭で須藤の死が明かされている。二人の雑談が落語のように軽妙で楽しいからこそ、限りある時間を知る読者には軽い会話が重く響く。器用に生きてはゆけないけれど、想い合った人生が胸に残り、読み終えて、小さな花束を買いに行きたくなるような小説だった。

口さがない旧友たちが、須藤の過去を蒸し返しても、青砥の中での彼女の価値は下がらない。期せずして生まれた愛に戸惑う大人の姿もいい。大病を患う須藤を青砥は支えようとするが、手放しで甘えられるような人生を彼女は送ってこなかった。須藤は自分に起こるどんな不幸も誰かのせいにしたくない。青砥はそれを彼女の矜持と思って、距離をおいてじっと待つ。巻き戻せない時間が過ぎていく。

話は巧妙に巡り、せつないだけでは終わらなかった。あの日あの時を振り返って、置き去りにした思いに嗚呼となる。手の届きそうな幸せに怯え、二の足を踏む二人を月が照らす場面があった。募る後悔を月明かりがロマンスに変える。小さな願いの儚さがとても現実的だと私は思った。

# また書くことを静かに誓う

福井の貧しい農家で生まれた絵子は、妹の子守をしながら小舟で川を渡る。旅籠屋の裕福な娘から本を借りるためだ。家父長制の強い時代、父との喧嘩で家を飛び出し、人絹工場の女工になって寮生活を送り、僅かな給金を貸本屋につぎ込んだ。心躍る戯作もいいが、何かを一緒に考えてくれる本が読みたいと手にしたのはイプセン『人形の家』。本を見た女工の朝子が声をかけ、じっくりと話を聞き、絵子の中に芽生える疑問を明確なものにしていく。二人の会話は迷いながらも己に恥じずに生きる力に満ちていた。

やがて絵子は会社の不正を告発し、雑用係へと追いやられる。開業間もない百貨店・えびす屋のお伽話のような店内へ足を踏み入れた勢いで、雇ってほしいと申し出た。

何ができるかを問われて口をついて出たのは「本が読めます」「お話が書けます」だった。えびす屋の食堂で働きながら新設の少女歌劇団の脚本を書くよう命ぜられ、人気女優・キヨが演じる。キヨは実は男性で、荒海を渡ってきたポーランド系移民。絵子とキヨ。二人に通ずる根無し草の風情が、不思議な美しさを紡いでいた。戦争が始まると、昨日まで必死に働き未来を背負っていた子らが出征していった。焼け落ちたえびす屋の跡に立ち、不器用で衝動的だが、企みのない絵子はまた書くことを静かに誓う。

谷崎由依『遠の眠りの』（集英社）は、本を読んで言葉を熟成し、考えを深め、育ちゆく少女の憤りが、北陸の湿度のある情景の中に揺らめく小説だった。

# 活き活きとした町のノイズが

平民金子『ごろごろ、神戸。』(ぴあ) は、街と人と食が歩く速さで書かれた居心地のよいコラム集。タイトルの「ごろごろ」はベビーカーを押す音で、幼児におろおろと付いて行く日もあれば、愛してやまない神戸の市場や商店街へ連れてゆく日もある。どの文章も不条理と無鉄砲を丸ごと呑み込んでほろりとさせる安心感があった。

残したい場所に日々通って語る著者の、ノスタルジーに浸らない暮らしぶりや考え方が無理なく自然だ。鳩や野良猫の害、煙草の煙など、社会が時間をかけて失くしていった「迷惑」の置き場所を探る時、林芙美子の『放浪記』の一節が登場する。そこには活き活きとした町のノイズがあった。街歩きの中で他にもたくさんの本が登場し、引用される文章がどれも胸を衝く。同じ本や言葉を共有することも揺れる考えの

置き場を生み出すのだろう。

夜中の三時に泣き叫びだした子どもを抱っこひもに入れて、自転車で海沿いを走ってあやす場面も。ありえたかもしれない人生は甘美でも、胸に浮かぶ実際の日々は痛みばかり。そんな痛みの置き場所もこの街の中にあるようだ。

同じ時代を生きてきたからか、生活の中でふとよぎる度重なる震災や、テロも印象的だった。世界がどのように変わっても、見知らぬ同士がすれ違う車窓から、手を振り合う感覚を大事にしたいと、この本を読んでつくづく思う。ペンネームに惑わされるが著者は四十代男性。章の合間に挟まれた写真を肴に、昼酒が飲みたくて仕方なくなる。

# 美しい描写に、哀しみを反芻

台湾育ちの女性・三毛《サンマウ》がスペイン人の恋人・ホセと暮らしたサハラ砂漠での生活を描いた『サハラの歳月』（妹尾加代訳・石風社）は、七〇年代から八〇年代にかけて、台湾・香港及び東南アジアの中国人の間でベストセラーとなった。時を経ても晴れた朝を迎えるような伸びやかな文章の感触は変わらない。

前半は異文化交流で笑わせる。「サハラ砂漠横断の初の女性探検家になる」という秘かな野望を抱いて、盗られ騙される日々と格闘し、果てには東洋人の風情を活かしてにわか巫女医者として施療も始めた。現地人サハラウィたちと繰り広げる会話はまるで頓智話で、砂漠を車で駆け抜け、道行く人を乗せては起きる事件と珍道中に目を剝くばかりだ。

おいしい手料理でホセの同僚たちをもてなすシーンではおてんばな愛が溢れ出していて、平野レミさんのクッキングを見た時のような気分になる。

受け入れがたい人道に反する現地の風習に、異議を唱えながらも、抗えない失望もあった。最後の三編は、失望から絶望へと降りていく感情をつぶさに描く。「映画館、商店はどこも店を閉め、駐在するスペインの公務員すべてにピストルが支給された。空気はみょうに緊張しており――」。独立に向けた戦争の開戦直前、サハラの町の様子や人々の混乱は、まさに現在を思わせる。残酷なシーンを何度も目が追い、むごさに引き込まれている自分に抵抗を感じながらも、あまりに美しい描写に気づけば哀しみを反芻していた。

# 愚直な女性の「聡明な狂気」

伝染病で両親を亡くした貧しいポーランド系ドイツ人の少女オルガが、強い意志で人生を築く物語。ベルンハルト・シュリンク『オルガ』（松永美穂訳・新潮社）。幼馴《おさなな》染《じみ》のヘルベルトと森の外れや狩人小屋の片隅で若い恋を育む瑞々しい描写が続いた。やがてオルガは教師になり、ヘルベルトは近衛連隊に入る。しかし第一次世界大戦の南西アフリカ戦線から帰還したヘルベルトは、冒険への野心を燃やし始め、二人の間に小さな歪みが生まれ出す。両親に結婚も認められず自暴自棄になった彼は、北極へ向かう遠征隊に参加し、消息を絶ってしまった。

　オルガの壮絶な行く末は、突然聴力を失った後の静かな暮らしから謎の死まで、子や孫の世代によって紡がれる。時には喜怒哀楽を爆発させ、懸命に情熱的に生きた。

死後、ヘルベルトへ向けて一方的に綴り続けた多くの手紙が見つかる。夢を追って自分を捨てた恋人へ「ドイツ人は長い間空想のなかにだけ、祖国をもっていたのです」と投げかけ、「あなたは遠く隔たったところにいます。／知らない人に思えてきます。／絶望しつつ、あなたをしっかり心に留めます」と結ぶ。

思索を深め、働く愚直な女性に幸せをもたらす国家や時代は、どこに存在するのだろう。最後の手紙の取り乱した筆に浮かび上がるオルガの思いと死の真相は、聡明な狂気に満ちていた。頑なに守り抜いた正義から逃げ切れずに自ら死へ向かう姿に、悼《いた》みと羨望が同時に襲い、戸惑いがいつまでも残る。

# サンタがこない

　サンタクロースの不在をいつ子どもたちに告げるべきか。毎年十二月になると話題に上る。私の一番古い記憶は幼稚園の時。園長先生のご親戚と思われる男性がサンタクロースとなってやってきた。お芝居とわかっていても、プレゼントをもらえることが嬉しかった。

　習い事で同じクラスだったともこちゃんが、キキとララの腕時計をサンタクロースにもらったと聞いて、私も欲しいと母にせがんだら、もっといいのを買ってあげると父がミッキーマウスのデジタル腕時計をくれた。たしかに良いもので、中学生になってスケートリンクで失くしてしまうまで七、八年使えた。失くした翌日に風邪で寝込んで、代わりの時計は兄が電器店で買ってきてくれた。クラシックな雰囲気の腕時計は、大学生の時、バイト先のクレープ屋でぶつけてガラスが割れてもそのまま使った。その代わりに就職祝いとして自分で買った時計を今もしている。最近は母が昔していた時計をもらい、交互に使っている。父が勤続二十五年くらいに勤務先からもらったペアウォッチの片割れだ。いい時計ねどこで買ったのと、よく声をかけられて、私の機嫌を直してくれる。

ともこちゃんのお母さんはとても優秀で、誰もが憧れるような人。だからサンタができるのだと母は言った。我が家はそういう面倒なことはしないとのこと。

確かに家族同士でごっこ遊びみたいなことは恥ずかしいなと園児の私も思った。おままごとを親に見られるのは気まずいはずなのに、まさかみんな本当にサンタを信じているんだろうかと、冬の謎だった。

引っ越しをして十代になっても新しい団地のお友達は、サンタクロースに手紙を書いていた。手紙は押し入れに置いて、おもちゃをもらうのだという。いい子にしていたらという条件もつくらしい。もうさすがに気づいているんだろうけど、家族円満のための演技なのだろう。でもサンタクロースが本当にいてくれたらいいなと、その頃思い始めた。願いはひとつ。失くしものを見つけてほしかった。それほどの不注意でなくても、大切なものを失くしてしまうことが多い。捜せど捜せど見つからなくて、どこかブラックホールに吸い込まれたように出てこない。マフラーやかわいい髪飾り、片方の手袋、失くしっぷりと落胆のひどさに呆れた大人たちにまた買ってあげるからとなだめられても、涙が止まらず、見つかりますようにと祈りながら眠った。

大人になるにつれて、失くしものは減った。気を付けるようになったのと、失くしても壊しても、そんなものよと思えるようになったのだろう。諦めがよくなると、大切なものが減る。隠しごとだけは増えて、年とともに隠し切れずに時々、沈黙をやぶって自ら披露する。みんな仰天し笑ってくれるので、悪くないなと思う。

# 暗がりで本を読む

# 呼応する戯曲とエッセイ

ハロウィンの頃、従業員用エレベーターに死神姿の人が弁当を提げて乗ってきた。全身商品だそうで、死神のお面を額《ひたい》にのせていた。

死神に連れ去られる。そんな映画のワンシーンを思い出していたら扉が開いて、一緒に降りた。「黒いオルフェ」を鼻歌に私は売場へ、死神はテナント休憩室に。

激しい愛を目まぐるしく露わにする映画「黒いオルフェ」は、私の中で難解な映画だった。神話やリズム感を根底に備えていないためだろうか。それでもカーニバルの聖地リオの美しい色彩やボサノバの心地よさ、ギターの音に惹かれてわからないままに、また観てしまう不思議さもある。

夏に読んでとりわけ印象深かったエッセイ『リオデジャネイロで降る雪　祭りと郷

愁を巡る断章』（福嶋伸洋・岩波書店）の一節に、映画や音楽に求めていたものを思った。「空中に漂っては消えてしまうその何か、言葉になるよりも前にリズムや旋律になってしまうのかもしれない、毎日を満たす魔法のようなその何か」。

その福島氏の翻訳で黒いオルフェの原案となる戯曲『オルフェウ・ダ・コンセイサフォン　三幕のリオデジャネイロ悲劇』ヴィニシス・デ・モライスが松籟社より刊行された。

美しい声と竪琴を使って愛するエウリュディケーを取り戻そうと闇の世界へ出向くギリシア神話が起源。その願いを叶える条件は、後ろに付いてきている彼女の姿を見るために振り返ってはならないというものだった。一途な愛を全うするために試され、愛を失った男の神話を知って戯曲を読むと、音楽の澄み切った美しさが文字となって浮かび上がってくる。戯曲を読みなれない私にも、音と声が深く頭の中に響いた。

戯曲は、映画には無かったオルフェウの生い立ちや父母の存在感が描かれ、母親の息子に対する過剰な程の愛や、父が息子を見守る距離感も、読者を舞台へと近づける。

エッセイ『リオ…』の中でヴィニシスは、名選手ガリンシャの美しく楽しいサッカーを「純粋なダンス」と描く詩人としても登場する。

戯曲の舞台となった「丘」と現存するスラム・ファヴェーラの相違点も、エッセイに登場する軍政時代を生き抜いてきた友人達、詩や歌を通して知ることができる。世界の街々で出会う音楽を愛し、陽の当たる軌道から外れた人々。彼らが糊口をしのぐ「灰色の日々」の苦しさはエッセイにも戯曲にも通じるものだった。

歌の数曲はギターを弾きながら訳されたという。戯曲とエッセイ、二冊を呼応させて読むと面白い。旅の途上、郷愁を胸に頁を閉じて悲劇の幕を下ろす。どこかの路地で物語がふと甦る。そんな神話めいた読み方を。

# 川上弘美『水声』の姉弟を思う

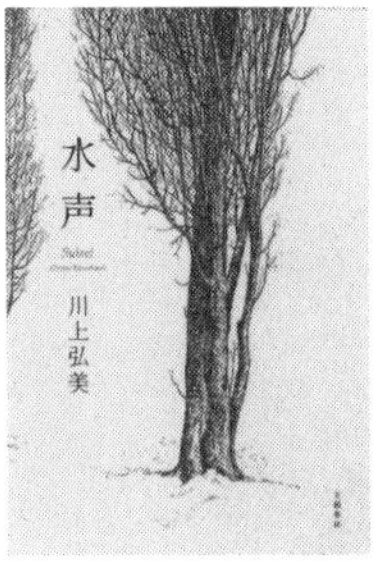


玄関先でアパートの管理人さんが「いい服ね。この色もいい」と駆け寄ってきた。祖母のタンスから見つけたと話すと、やっぱりあの時代は仕立てがいいのよと褒めてくれた。体格の全く異なる祖母だが、肩や腰で着る洋服は不思議とぴったりで、何より趣味が合う。老年まで働いていた祖母の服は、どこか勤め人の気配がするからか。

タンスに眠っていた冬服を風に当てながら、川上弘美『水声』（文藝春秋）を読んだ。奔放な母や忍耐強い父、翻弄される兄弟姉妹などが吉野朔実『ジュリエットの卵』（小学館文庫）や西加奈子『サラバ！』（小学館文庫）とも重なり、薦めたい相手がちらほらと浮かぶ。

家族には暗黙の了解も多く、完全に心開いた関係とは言えない。成長し離れて暮らしてからは、記憶の端々《はしばし》をつないで関係を維持しているが、久しぶりに会うと随分とふるまいが変わっていたりする。

誰とどんな風に過ごして来たのかと思い巡らせながらも、敢えて問わない。それでも、弟の嫌いだったキャベツを山ほど刻んで出してみたりする。それを弟がおいしそうに食べてしまうなんていう時の姉の態度もこの小説の好きなところだ。

主人公の都がはじめてくちびるを男の子と重ねた時に、上目遣いに見上げた空は眉のような三日月だった。離れていった男たちはみな、優しかった。離れてゆかれると、三日月を見た時と同じくらい淋しかったことを思い返す。

子ども時代を過ごした家に弟・陵と住むことにした都は、年月を振り返り、愕然とした。自分の営みはなべての女たちのしてきたことをなぞっているだけではないのかと。

もう若くはない姉弟がひとつ屋根の下、「考えまい」としてきた思いの蓋を開き、その事実を確かめ合った。若き日のたった一夜の過ちを思い出す。糾《ただ》すことはしない。いつも「裁かれている」と感じて生きる二人にとって、人生はどんな長さだろう。

未来と過去、どちらを向いて生きているかによっても、この小説の受け入れ方が変わってくると思う。

都と陵を知るわずかな登場人物、幼なじみの菜穂子や従業員の武治さん、二人の父親がカラリとしていて、淋しさや辛さ、恐れを解き分けてくれる。ひとつひとつ並べると、古い出来事をむやみに裁くことなど誰もできなかった。他愛ない日常や仕事の愚痴が良薬に思える。長い小説によっても水に流せない思いは、しばらく浮かべておこうと、本を閉じ、水を思った。

# 本棚とフーテン

この十年程で本屋の紀行文の棚は減ったものの、漂泊を好む気質は消えていないし、はみ出した者を受け入れようとする度量が本や映画にはまだあると、本棚の前で立ち止まる人を見るたびに思う。

米田彰男『寅さんとイエス』（筑摩書房）は、「男はつらいよ」の車寅次郎とイエスの存在感の類似を、神父である著者がわかりやすく説いた一冊。触れもせず、壊さずに愛を注ぐ人間像の気品あるもどかしさと、現れては消えるフーテン性を好む人は是非。芭蕉や良寛、山頭火といった、旅を住処とする人々がいつの時代も尊ばれる理由を、田川建三『イエスという男』（作品社）から遠藤周作『沈黙』（新潮文庫）、シモーヌ・ヴェイユ『重力と恩寵』（冨原眞弓訳・岩波文庫）、表題の寅さんまで様々な本

や映像を繙き、彼らの持ち合わせたつらさとユーモアを軸に、辻々で出会う人に語りかけるように探っていく。

ヨハネ福音書「はじめに言《ことば》があった」の解説も、あらためて胸を衝く。人は「はじめ」を知るために本を読んでいるのかもしれない。言葉の束《たば》の中で働ける幸せを思うが、本当は知るのが怖い。それは、自分の逃げた道を振り返ることにもなるからだ。道の途中にはたくさんの面白いものがあったはずなのに、楽しい誘いからも逃げた。熱く語れるものがない。「本は?·」と言われるが、それは職業なので独特の距離がある。逃げと負けを左右の手に握って、目の前にあるものを摑めなかった悔しさ。捨てたと言える程自分で選べた事は少なく、立ち去るしかないことの方が実は多い。

この本を読む時、いつも脳内で再生されている音楽がある。山作戰というミュージシャンの歌で、お邪魔したラジオ番組で初めて聴き、呼びとめられた思いがした。「あなたになら　負けてもいい　そう思える自分がやけにうれしくて」(「敗北論」)誠実な歌に、どこかフーテンな感じが漂うのは、CDジャケットの作務衣姿のせいか飾らない話し方によるものなのか。何故だろうと縦書きの歌詞カードをじっくり読んでいると、詞は艶のある声に乗って福音となることを知る。

本も旅も時間がかかり、費やした分だけの見返りを期待できない。でもそこは寅さんのように「暇ならあるよ」と言ってみたい。本屋に暇などないけれど、忙中にも束《つか》の間、言葉を探し、誰かが聞き留め書き継いできた言《ことば》を拾い集めている。

何につけ、どちらを選んでも、つらいのだ。だからこそ幸福は見出すものだということが、本の隅々にこぼれていた。

# 彷徨う父子の物語

物語の先が楽しみなのに、すこし退屈な感じが襲ってきた。映画やコンサートに熱狂している時に、ふいに時計を見てしまうような、自ら終《つい》に向かってカウントしている感覚。J・M・クッツェー『イエスの幼子《おさなご》時代』（鴻巣友季子訳・早川書房）を読みながら、奇妙に冷めていく自分を見ていた。

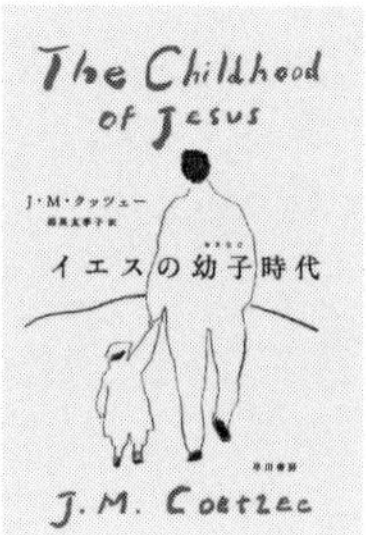


身寄りのない幼子ダビードと初老の男シモンは、移民船で出会い、名前と年齢を与えられ、過去を捨てた人々が住む街に降りる。スペイン語が公用語となっている見知らぬ街。規律によって整えられた街で、争いも競争もなく、性愛もこともなげに交わされ、いったい誰が正気なのかわからない。人間が作った理想郷の顔をした社会。ある日突然、シモンの直観でイネスという女性が幼子の母親ということになり、イネス

も了承する。

幼子の手をひいている時だけ大人たちは生気を帯び、会話が嚙み合ってくる。親と教師の言い争いなど、とてもリアルに迫る。

シモンら荷役労働者同士が、麦を運ぶ機械の導入という合理化に対して、ぶつかり合うシーンも象徴的。過去を捨ててたどり着いた者たち同士が「ここへ来るのに海を渡ってきた時のことを忘れたか」と罵り合う。「万物は流転する」と文明の発展を唱えてみても、若い荷役に「歴史とは作り話にすぎない」と覆される。シモンは港湾での労働を「無益な芝居」と腐《くさ》した。

いつの間にか私も物語の中の言い争いに喧嘩腰で参戦していた。黙読なので傍《はた》から見れば無言だが、心は荒れる。論争は、労働を通して食物に触れることの価値までも問う。真剣な論争に滑稽さが漂い、無益な芝居をどこか楽しんでいた。

幼子ダビードは荷役たちにも愛され、周りの誰もがシモンの「子を母へ返す」という強いこだわりに疑問を抱く。タイトル通りこの子がイエスなのだとしたら。先を案じながら読者は言葉を飲んで読み進むしかない。

父と子が未知の世界を彷徨う小説としてコーマック・マッカーシー『ザ・ロード』(黒原敏行訳・ハヤカワepi文庫)を思い浮かべていた。こちらの舞台は核戦争後を思わせる荒廃した都市。略奪や殺人を厭わない灰色の世界で、父子は古く温かい記憶を灯して生きる。

舞台も考えも対照的なのに、どちらの物語でも父なる者たちは、自分のためだけならば生き延びることさえ難しいと語る。

為政者たちの胸にも幼子があれば。言えない言葉、押せない釦《ボタン》が浮かぶだろう。守るべきものは偶然居合わせた名さえも知らぬ子どもであってもかまわない。

# 奔放でチャーミングな合田佐和子のエッセイ

唐十郎の『雨月の使者』（エー・ジー出版）の装画以来、約二十年ぶりに合田佐和子さんのエッセイ集『90度のまなざし』（港の人）に出会った。「恋愛には向かないけど、友達がいのある人だね」これは寺山修司の至言。憎めない人だったのだと思う。

眠る前、どんなに疲れていても、チャーミングな文章を一篇読みたくなってしまう。中でも「リアリズムとは」という項を何度も読んでいる。

写真雑誌を切り取り、中学生の頃から二十年近く持ち歩き続けているという話。「小高い夜の丘に手をつないで茫然と立ちつくす母と幼い娘の逆光のうしろ姿。裸足の足もとの向うは、多分嵐のあとの夜の海であろう。風になびいた母と子の金髪が、心もとなく微かに光る。何百という小さな悲しみのガラスのように」。

一枚の写真に人生を予感し、憧れと不安の中、夜更けに電気スタンドの下で何時間も眺めていたという。

予感は的中。娘を二人もうけ、大好きなエジプトと日本を行き来し、絵画・写真・舞台美術と幅広い芸術家として人生を全うした。

「リアリズムとは」の答えは本書を手にとって、読んで知った方がいいように思う。私が切り取ってしまうと、ユニークな合田さんのリアリズムが消え失せてしまいそうだ。ヒントはこの一節。

「喜劇に転化できないような、のっぴきならない純正の悲劇が好きである」。

切り取り線のない文章を、繰り返し読み続けると、表裏一体となって、ぐるりと裏返るような感じ。あれ、私今どこにいるんだっけと、表紙の瞳と相対することになる。

郷愁をユーモアに包んだ合田さんの話には未練がましさが無い。どんな小篇にも可笑しみがあって、まとめて読むと圧巻の「女の一生」になっていた。

出会った人、別れた人について書いても、その口調は変わらず、涙声にはならない。寺山修司・唐十郎・蜷川幸雄・白石かずこ・吉岡実・森茉莉・荒木経惟・瀧口修造・四谷シモン・金子國義・沼田元氣・堀内誠一。同時代を生きるというのは、畏敬の念を抱きながら、笑いあい、時には冷やかしたりして、小さな悪魔を飼いならすことのように思える。喧嘩だって売り買いしてもいい。憧れの世界を薄地のカーテンから覗くように頁をめくった。

奔放な一冊。お気に入りの栞を挟んで、渡したい。いつにしよう、誰にしようかと思い巡らすだけで、もう楽しい。

# 『建築文学傑作選』と胸の中の小さな部屋

建築家・青木淳による『建築文学傑作選』（講談社文芸文庫）を読んだ。須賀敦子がレデントーレ教会のファサードで感じた、完璧な均衡を静かに浸食し続ける水の脅し。開高健が「流亡記」で描く「壁」と「人間」が費やす時間の虚構。建築物の美しさや利便性だけでなく、完成までに労されたものを思い、朽ちる瞬間が遠くない日に訪れることを知ると、かたちあるもの、塔や壁の数々の存在に虚しさを感じる。遺るものの強さは構造物としての強さだけではない。

歴史的な遺物からは程遠い、私の小さな部屋を思い浮かべる作品も中盤に収録されていた。青木淳悟「ふるさと以外のことは知らない」では、家と家庭と家族の結び目のない関係性に読者は巻き込まれる。ジオラマを眺めているうちに、その扉の作りが

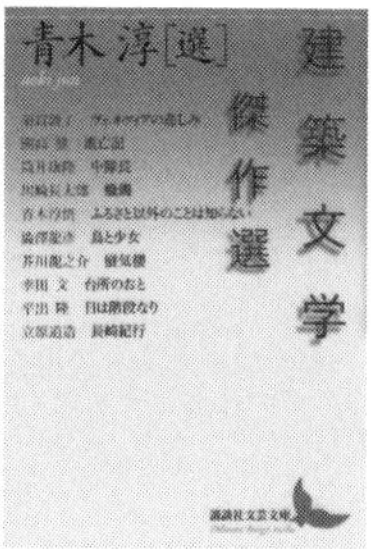

気になってちょっと覗きこんだら家族の一員になっているような。それも温かいホームドラマのような家庭ではない、ちょっとうしろめたい家族。しかし体験として語るにしてはありふれた家。平凡だから、我が身に当てはめて読めるはずなのに、感情移入する相手がちょっとずつずれてゆき、私の物語ではなくなっていった。

建築家である選者は解説で「この小説が、それを読み進む体験のなかにしかない」という。ジオラマに風が吹いた気がした。

芥川龍之介「蜃気楼」も体験する小説だと今回思い知った。話の筋は在って無いような。音と色彩が自分の体験と交わる偶然を待つのも本作を読む楽しみのひとつだ。

幸田文「台所のおと」は、病床の耳に届く家事や炊事の音を通して内面を描く名作。人間のたてる心地よい音が、耳障りなノイズに変わる瞬間、冷めてゆく情の脆さを哀しく思う。

平出隆「日は階段なり」は『遊歩のグラフィスム』(岩波書店)の一編。青木氏は実際に広島で設計したホールで本編の階段設計を採用している。五十ページに及ぶ文庫解説の中には、階段の詩情が証明されていた。

読みながら思い浮かべた小さな部屋は、実際に暮らしている部屋のことではない。胸の中にある何もない部屋。暖かく、誰もいない。そっとひとりになるための架空の部屋である。鏡も本もなく、向き合う物がないその部屋は、逃げきれない何かが追ってくる時、ふと現れ、私を招く。いつ消えるのかもわからない。人には話しにくい事をここに書いてよいのかなと迷いつつ、この本に機会をもらったような気がして書き留めた。明日には後悔しているような気がする。

# 街の片隅に潜む「語りたがり」の声

甘い物語を読み終え、苦みのあるコラムが欲しくなったら『マクソーリーの素敵な酒場』（土屋晃訳・柏書房）がしっくりとくる。著者のジョゼフ・ミッチェルは市井の人々を描いたジャーナリスト。二十代は大恐慌時代。警察担当記者として活躍し一九三八年「ニューヨーカー」誌に迎えられた。

バワリーの酒場に行き交う人は種々雑多。切々と生きた主人と客を、ミッチェルは媚びることも興じることもなく、真摯に耳を傾け書き留める。読んだ人誰もが、愛され続ける止まり木に、いつかの場所を見出すことができるだろう。忘れたいこと棄てたいことに酒で蓋をして、一日を越していく。

同じ街の小さな映画館〈ヴェニス〉を束ねる女性メイジーは館の用心棒として喧嘩

までこなす。私生活は謎で、浮浪者たちに細々と金を渡していたりする。浮浪者もどきに「時計の一個でも盗んでおいで」と息巻くメイジーのもとには、毎日様々な客が訪れ、警官にまで一目置かれていた。「第三分署の管内では、口の悪さと心根のやさしさでぴか一」と。彼女は光る人物に目をかけなかった。酔った浮浪者たちの語る過去の栄光。その虚実を疑う気分にもなれない程、刻々と落ちてゆく日常に、浮いた話は訪れない。

長い髭を生やした女性ジェーン・バーネルの話も面白い。見世物小屋で長年を過ごし、旅暮らしの渡世で身につけた身軽さの一方で、我が身をさらすことを職業とした誇りと反骨心が、互い違いに表れる。感情の起伏が目まぐるしい。残りの人生はこの街でと思っている悲観的な頑固者たちは、諦めの中で驚くほど強かに生きている。

一九四〇年代のニューヨークの古びを感じないのは、ミッチェルの筆力によるもの。セントラルパーク内の洞穴に住む夫婦の話など、今でもすぐそこで囁かれていそうな話だ。夫婦の窮状を記事にしたところ、寄せられる義援の手に夫婦は憤慨し、ミッチェルに酒を投げつけ浴びせかける。善意と偽善が表裏一体となる怪しさを、両成敗に描いた結末はまさかの展開で小説より奇。

終わらない「口述史」を編纂するカモメ教授の狂気など、清濁併せ呑むミッチェルのジャーナリズムは、街の片隅に潜む「語りたがり」の話を引き出し、洗練されたペンによって哀楽の表情と背中を描き出す。

著者は五十年以上同誌に属していたが、記事は一九六四年を最後に途絶えている。ほろ苦い文章はじわりと喉の奥に残り、熱を冷ます。改行が少ない凝縮された文章に飛び込めば、夏の空気は随分と変わるんじゃないかと思う。

# 続けて読んだ二冊の青春小説

青春小説を読むたびに、眩しすぎてねじれた気持ちになる。摑み損ねた輝きを小説に見せつけられて、気後れする。不幸な身の上ではないのだから、素直に楽しめばいいのに。

又吉直樹『劇場』（新潮社）に出てくる若者たちは、何かに成ろうとしながら、たどり着けないもどかしさを日常と芝居の中で繰り返していた。主人公の永田は時々、破裂したような言葉で相手を傷つける。言い慣れた悪態には見えず、無邪気な幼さとも違う。

傍観者のフリをして読み進むと、永田の心情に実は馴染んでいることに気づいた。言葉を転がし合ってじゃれあい、ぶつかり合う永田と沙希の恋愛。沸き立つ嫉妬を持て余して、吐き出した言葉が誰のものなのかその場限りのものなのか解らず、戸惑うような。そう、若い日はこんな風に不器用に過ぎていったのだ。生命力がすこし弱そうな青年にかえって人間味を感じる。小説の中に吹く街の風が優しく、同じ著者のエッセイ『東京百景』（ヨシモトブックス）を隣に並べた。

見えない未来に怯えていた時を懐かしむことはまだできないが、悪かったのはあなただけでも私ばかりでもない。劇場にもたまには足を運ぼうと情報誌をめくった。

『劇場』発売の翌日、『火花』（文藝春秋）と同回の直木賞受賞で話題となった『流《りゅう》』（講談社）の東山彰良さんの新刊『僕が殺した人と僕を殺した人』（文藝春秋）が入荷した。一九八〇年代の台湾が舞台。経済的には恵まれているが愛情に飢えた少年と、貧しくも逞しく生きる少年、札付きのワルだが家族の暴力に喘ぐ少年がいつも一緒にいる。この訳のない友情と、際限のない悪戯、ちょっとお荷物の弟も巻き込んで、冒険譚のように彼らの成長に心躍らせて読む。時折描かれる魔術的世界も魅惑的だった。激動の時代、変動に耐えきれず堕ちていく大人も多く、今の台湾や日本ならば許されないような少年たちの悪行も、ぶん殴って叱り飛ばして最後は見逃された。暇さえあれば喧嘩に興じる三人の少年たちは十三歳。逃げ足の速い者しか生き残れない喧騒に揉まれ、救いのない結末を目の当たりにする。

読んだ順番は「劇場」(「新潮」)・『僕が殺した――』・『劇場』(単行本)の順になった。又吉さんが福岡にお越しになると聞き単行本で再読すると、同じ小説でも、読んだ印象はすこし異なった。「弱さ」が遠ざかったように感じたのは、台湾に生きる遠い夏の少年たちが心に棲みついていた所為かもしれない。日を置いてまた読むと、きっとまた違うはずだ。次は夏の終り頃かなと思っている。

# 家を出た娘が残した「骸骨」という詩

映画「夜空はいつでも最高密度の青色だ」を観た。原作は同名の縦横に組まれた最果タヒの詩集（リトルモア）。読み終えて、思い当たる十代の子に押し付けた。持っていてくれれば、読んでくれなくてもいい。こんな本も生まれているよと伝えたかった。思うようにならない日々も、言葉を抱えながら、時に綴りながら生きていければ。そのためにはこの可愛い装幀は必須だなとも思う。

映画もとてもよかった。抜け出せない現実が埃っぽく描かれていて、ぐんぐんと入り込んでしまう。嗤っているつもりが笑われていて、その逆も然り。放っておいてくれない映画だった。こういう映画を観て今も胸が軋むことに驚き、薦めてくれる人がいることも嬉しくて帰り道の足が軽かった。大人になってもスクランブル交差点に紛れるとホッとするし、チョコレート屋で目移りすることもあるのだと、足を止める観光客のあいだをすり抜けながらぽつりと思った。

詩が映画になるとは。昔観た映画を思い出して、原作を書棚から探した。素九鬼子『旅の重さ』(筑摩書房・角川文庫)。斎藤耕一監督の一九七二年の映画をテレビで観て、既に絶版になっていた原作を古書店で買い求めた。それももう二十五年近く前のことだと思う。主演は高橋洋子、音楽は吉田拓郎。少女が家出をし、四国遍路の路を歩きながら出会った人々との衝撃の体験を綴るロードムービーだった。

男の出入りが激しい絵描きの母をママと呼び、抽斗の奥のノートに「骸骨」という詩を残して少女は家を出る。

――ある日　わたしはじぶんの骸骨と対座していた(中略)白い骨の関節がきしんで　骸骨はわたしの手を撫でてくれた

ママへの手紙として書かれた小説は、汗や海の香り、逃げようのない暑さや湿度の中に読者を捕り込んでいく。

――わかり易く言うなら、リクサクの重みのようなものなの。肩にずしりとくるやつよ。大して中身がないのに。それからまた、山が覆いかぶさってくるようなの。路がきゅうとわたしを締めつけてくるようなの。

旅に伴うこの「重さ」は歩き疲れた時だけでなく、心はしゃいでいる時にもやってくる。こんな色鮮やかで赤裸々な手紙が娘から届いたら、どんな思いで読めばよいのだろう。旅に暮れる娘に返事も出せずに。

気ままな放浪が板についた頃、少女は一人の男のもとへ流れつき、「旅人であった頃のこと」と自ら旅を過去とし、物語の終わりを告げる。読者は、共に旅を終えることも、次の旅の始まりを想うこともできるが、私はまだすこし寂しくて、詩に戻って読書を続けた。

# 悲鳴と溜息が交錯する『星の子』

今村夏子『星の子』（朝日文庫）。新興宗教と思しき団体に属する家庭に育つ中学生のちひろは、素朴で純粋な女の子。数学の南先生に恋をしていた。居残りの後、ちひろは友人と南先生の車で送ってもらう。淡い恋心は疼くのだが、自宅近くで不審者を目にすることになる。その不審者はちひろの両親で、宗教の儀式を執り行っていたのだった。そんな姿を恥ずかしく思う気持ちと愛情のある家族の日常であるという現実が少女の中で揺れる。

憧れの先生は教室でちひろの行動をあげつらい、教師らしい正義をかざす。目を覆いたくなるようなホームルームを終えた放課後、クラスメイトたちはちひろに声をかけた。「教育委員会に訴える？」「明日休むなよ」「南先生って自意識過剰」「（儀式は）

外でやると目立つからやらないほうがいいよ」。十四歳の彼らには、数年後には忘れてしまいそうなくらい事もなげに、ちひろを庇う優しさがあった。

ちひろの両親を宗教へ誘った落合家には、ひろゆきという男の子がいる。この息子は口のきけない子として描かれているが、実は恐喝や性犯罪に手を染めていた。その行動が子どものしわざとして暗黙の了解になっているのも、物語の中の恐怖に拍車をかける。

ちひろは幼い頃病弱だったが、この宗教の唱える奇跡の水で治ったと両親は信じている。今は手のかからない良い子に育った。一方で姉は成長するごとに反発を強め、暴力的になってゆく。母の弟雄三が一家の信仰からの離脱を試みた時、姉は密かに雄三の側につき、家族を捨てた。

一族の中には、存在を伏せたくなるような人物が一人はいるものだと思う。事情はともあれ、無き事にしてしまわないと安寧に暮らすことができない。教育や宗教はその中でも根が深く、それが近年のビジネスモデルの一端でしかないと言おうものなら、刺すような視線が追いかけてくる。

「普通」という理想はとても高くて遠い。

この著者の作品はあまりにも日常に近すぎて、身近な出来事とつなげてしまう。ちひろの将来を案じながら、『こちらあみ子』（ちくま文庫）の心病んだ母親や不良になった兄、『あひる』（書肆侃侃房・角川文庫）に漂う不穏な心情も交差する。私の中でひと繋がりになった時、悲鳴と安堵の溜息が同時に漏れそうだった。

思想信条に触れる本屋の仕事は、誰がどんな本を買ったのかを、生涯口に出せない。誰もが抱える凹凸《おうとつ》に合いそうなものを仕入れて売って、そんなことさえ忘れてしまうくらいの忙しさが、きっとちょうどいい。そう思うことにしている。

# 現代文の教科書を読み返す

子どもの頃の本は絵本が一冊と現代文の教科書一冊くらいしか残っていない。存在すら忘れていた教科書は筑摩書房刊で、目次を見るとテストの範囲が書いてあった。作品が時代順に並び、藤村の「新しき詩歌の時」や上田敏訳「海潮音」から鷗外「舞姫」、平塚らいてう等を経て、佐藤春夫、茂吉、寺田寅彦など。芥川、志賀と続いて、賢治、荷風、小林秀雄、太宰治「富嶽百景」を挟んで、〈現代の課題〉をテーマに山之口貘、大岡信、丸山眞男、日高六郎、石牟礼道子、大江、梅崎等へと続く。サルトルも一篇。詩歌と評論文が意外に多く、小説は長編が掲載されていた。昭和六十三年改訂検定済み。平成四年の印刷。当時の大人が若者のために選んだものを読むと、問われてきた事、生きてきた時代を実感する。

「舞姫」は授業とは別に、放課後、先生による現代語訳朗読会が行われた。自由参加の大教室は満席。長い朗読が終わると拍手が沸き、サボりの横行する放任主義の学校でも、聞きたいという欲求はライブのような熱を帯びていた。

何気なく、頁を開いて息が詰まった。みっちりと書き込みがされている。勉強ができない自分を悔やむことは今も多いが、授業が嫌いだったわけではなかった。ただ、できなかった。

小林秀雄や丸山眞男の難解さに不安になった覚えもある。わざと難しく書いているのではと疑いながら、石を噛むように読んだ。成績のよい友人にわかるかと聞いてみると、教科書ってわかるものなの？と返された。確かに数学の問題が解けないからってそんなに驚かない。

数学の世界は現代文より距離を感じるが、包装紙で品物を包みながら悪戦苦闘する学生スタッフに「これは幾何なのよ」と言ってみると、苦手という呪縛から解かれ、急に手が進む人もいる。理論を知らなくても鮮やかに包める人は、言葉のように無意識に数学を身につけているのだろう。

幸福なことに、昔解らなかった現代文も今は読み耽って楽しむことができる。自分の声が体に響く音読も面白く、

「白い波が頭へとびかゝつてくる七月に／南方の奇麗な町をすぎる」（西脇順三郎）、「新しき言葉はすなはち新しき生涯なり」（藤村）など、読むほどに心地よい。

物語を楽しむ力は才能だろうか。今もって身につかず、職業柄ずっと悩んでいる。社会に出ても解らないことは増えるばかり。紙に触れてカサついた指先を見ながら、ここが未来と思って昔の本を開いた。

# 鋭い真実を綴る『傍観者からの手紙』

大義という言葉を繰り返し耳にしながら、思い浮かべていた。碩学のお客様が熱く語っていた城山三郎『大義の末』（角川文庫）、米大統領の指先を見ながら読んだティモシー・スナイダー『暴政』（池田年穂訳・慶應義塾大学出版会）など。外岡秀俊『傍観者からの手紙 FROM LONDON 2003-2005』（みすず書房）もその一冊。

外岡氏は刊行当時、朝日新聞のヨーロッパ特派員としてイギリスに拠点を置いていた。古びてしまう情報を普遍的な作品や気鋭の作家による小説・評論、映画とともに手紙に綴ることによって、鋭い真実が読者に残る。何故古典を読むのかという問いの答えも、この手紙には含まれているように思う。手紙が届くまでの空白の時間までも織り込まれたこの文章は、歴史のフィルターを通して冷静に世界情勢を説いてくれる。

ウクライナの首都キエフへ大統領選の取材に赴き、オレンジ革命の内情を観察する著者は、市民社会の誕生を目の当たりにする。クルコフの小説『ペンギンの憂鬱』をきっかけに、村上春樹やカフカ、ゴーゴリ『外套』の世界との共通点、さらには日本の学生運動の様子にまで思いを馳せ、市民社会は、今後消えることはないと確信した。ヘミングウェイの短編やフィッツジェラルド、ウルフ、トーマス・マン、堀辰雄、梶井基次郎などの作品を連想しながら、その舞台となった場所の趨勢を悼む行動に対し、「時代の流れが速まるほど、私たちはかつての感動を、より新しい今の言葉で語り直さねばならない」と、懐古趣味には走らず、常に未来を志向している。

『知恵の七柱』から井筒俊彦へと文化の衝突を読み込む一編もあれば、『君主論』や『ガンディー自伝』の若き誤読を振り返る場面も。書物への信頼を深め、時を経て自ら正す。理想の読書だと思う。

二十一世紀の幕開けを「予想していた以上に困難な時代（中略）、ここ英国のメディアや知識人は、少なくともその困難から目を逸らさず、言葉によって力と戦うことをやめていません」と結んだ。本書が刊行されたのは、米英がイラク戦争に突き進んでいった時期。「開かれた社会」の扉が重く閉じられていくのを、店頭でも痛感する瞬間があった。温和な雰囲気の青年たちが、表情を変えることなく攻撃的な意見に吸い込まれていく様子を見ることは今も多い。

熱狂的な世論から弾き出される度、私自身に熱の無いことを思い知るが、そこにあった事実を忘れたくないと思う。この本は確実に記憶を熾《おこ》す種になる。贈り物にするといつも、素敵な感想の手紙が届き、「読む」時間は心通じる時間に変化してゆく。

## それぞれの人生を丁寧に描く
## 『光の犬』

物語のそばにはつぶらな瞳の北海道犬がいる。松家仁之『光の犬』（新潮社）。誰もが迎える生と死を前に、ひとりひとりの人生の輝いた瞬間とその陰となった時間が丹念に描かれ、胸に秘めた思いを開く。

添島始には、真面目な両親と姉がいて、近隣に未婚のおばが三人。静かな家族の風景は時代を映し出し、懐かしい。それぞれの独白は回顧にとどまらず、胸の内だけの妄想も言葉にする。その思いが生気を帯び、にじり寄る怖さ。人は感情の生き物だ。

おばの中でも心身の弱い次女恵美子が語る第十二章が印象深い。人よりも弱く遅く生きた彼女の表現は平坦で、ひらがなが多く言葉少なだが、言葉の数と思いの量は等しくはない。「自分じゃないような泣き声がこみあげて出てくる。（中略）泣いているうちにわたしになった」堪えきれない涙を、こう綴る。

祖母よねの一代記も、故郷の家族や風景まで緻密に描かれる。幼き日信州から日本橋の医者の家に里子に出され、一旦は故郷に戻るが、助産婦として、ひたすら妊婦のために駆け回る。人として生まれ、子を産み育てる生活の困難はどんな物語もかなわない。よねの存在感は大きく、亡き後に生まれた始の心にも横たわっていた。

姉・歩は全力で恋をし、学び、伸びやかな女性へと成長した。天文台に勤務し、天体や数字と格闘する日々を過ごす。病魔に襲われ、志半ばの儚い人生だったとしても、歩が紛《まご》うことなく自身を愛し、多くの人に愛されて生きたことが、エピソードや手紙の隅々に見え、憧れさえ感じてしまう。

歩の高校時代の恋人で神父の息子・一惟《いちい》の若き日の悲愴も心を揺らす。一惟は更生施設を兼ねた教育農場に通い、身も心も深い傷を持つ紮の作るバターを教会で販売していた。評判は上々で、境遇の異なる二人の仲を次第に深めていく。しかし、別れは思わぬ形で訪れた。青年たちは何を信じ、何を摑もうと足掻いたのか。想像すればするほど、選ばれた結末が悲しい。

主人公は読むたびに変わるように思う。いつも不安の種を握りしめている父眞二郎や心優しい母登代子に心寄せる人も多いだろう。ふと、大井玄医師の本に書かれていた老いによって変化する心象を思い起こした。

光の粒となった言葉を拾うように、この小説はどんな小さな生涯も肯定する。ひんやりとした美しいカバーをはずすと、歩の愛した星空があらわれた。人も本も物質。やがて灰となり光を放つ。読めば見える光がそこにはあった。

# 「中動態」で生き抜く二人の物語

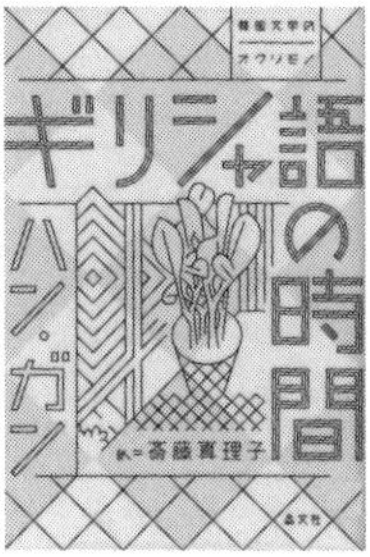


風のない部屋に閉じ込められたような気持ちでハン・ガン『ギリシャ語の時間』（斎藤真理子訳・晶文社）を読んだ。

言葉を話せなくなった女性が、古代ギリシャ語を習い始める。講師である男性は病により徐々に視力を失いつつあることを隠していた。

彼女の沈黙の背景には、離婚し息子は夫のもとに引き取られた事実がある。裁判では十代の頃の精神科治療と低収入が養育条件の不利な証拠として挙げられた。そのような状況を教室の中の誰一人知らず授業は執り行われる。語学の授業で、声を発することができない生徒。異質な存在ではあるが、それぞれの目的をもつ大人ばかりの空間では、徐々に理解され、大した妨害を受けることがない。そんな救いもある。

この講師と生徒である二人はどこか似ていて、感傷も楽観もなく淡々と、受動でも能動でもない「中動態」を生きている。内面には想像を超えた受難があるが、被害を甘んじて受け入れることも、強く抵抗することもせず、生き抜く術を何故か彼らは知っていた。容易く絶望などしない。

講師の過去は二通の手紙で明かされる。かつて恋した女性とソプラノ歌手の妹へ。十四歳から十七年間をドイツで過ごし、古代ギリシャ語を身につけた後、視力を失った後の人生を母国語に頼って生きるためにソウルへ帰った。二人の女性は青年時代を過ごしたドイツに今も暮らしている。どこで暮らしても街はよそよそしく、人生と言語と文化が割れてしまったことのない人に羨ましさを感じると記している。

後半、思わぬ怪我を負った講師は、眼鏡も壊れ動くこともままならず、声なき女性が指先で掌《てのひら》に書いた文字で会話していた。男は自分のすべてを話して、彼女の思いを手繰り寄せようとする。しかし彼女は失語が特定の経験のせいではないのだと、誰かが作った悲劇の筋書きに身を委ねず、学習の動機を他人に理解されることを望まない。

眠る子どもの額にそっと触れて、眉間のしわをほどく。その体温を、法という言葉の力で奪われ、苦しみを訴える語さえも失った。彼女はできるだけ習得の難しい古代の言語を学び、和解のない世界、続く言葉のない世界に身を置くことで、生命を保とうとしているように思えてならない。

囁きから惹かれ合い、美しい詩が幾度となく繰り返されて小説になっていった。ボルヘスなどの物語や哲学も挿入され、物語空間は補強される。何より二人の言葉が強い。シンプルなひと言も聞き漏らしたくないと頁を何度も引き返した。

# 「おら」と語る桃子さんの一生

若竹千佐子『おらおらでひとりいぐも』（河出文庫）の桃子さんは七十代。耳の奥で聞こえる、遠い昔の東北弁に戸惑いながらも、自分自身と対話する。

「おらだばおめだ、おめだばおらだ」

夫を亡くして数年、息子や娘とは疎遠で、飼い犬も身《み》罷《まか》る。私一人。戸棚にしまいきれない思いを打ち明けるように語りだす桃子さんのお国言葉に、しばし聞き惚れた。

桃子さんは特に「地球の歴史」に興味を持っていて、大学ノートに細かな字でテレビや本で調べた内容を書きつけている。

本屋の店頭では桃子さんのような女性をよく見かける。彼女たちは戦後貧しい中で学校を卒業し、会社勤めや習い事なども経て結婚している。テレビ・新聞をよく読み信じ、それらが作り出す価値観に巻き込まれながらも、夢中で子育てをしてきた。翻訳小説の新鮮な面白さに心躍らせ、映画スターに熱を上げた世代。賑やかに生きた人たち。人はそれぞれで、世代で括ることはできないが、四十代半ばの私からは、知的好奇心と消費意欲の旺盛な世代に映る。

そんな桃子さん、雨の日の窓ガラスに（あきた、ほとほと）と指で書く。「何に？」と桃子さんの内なる者たちの問答が続く。

雨に。生きることに。

娘として育ち、妻になり、母として生き、祖母として老いる、ありふれた人生の中にも、結婚式直前に故郷を捨てて出奔するなど、跳ねっかえりな時期もあった。

夫を失って初めて「周造」と名を呼び、見失いそうな自分を自問自答で蘇生する。

夫の墓参りの途中にけがをする場面。桃子さんの脳裏に、おかっぱ頭の少女が現れる。幼き日の自分。本当は左利きだったが右を使うと褒められて、矯正されていった。小学校に上がり、右向け右が分からない。ばっちゃ（祖母）はめんこい、賢《さか》しい子だと言ってくれるけれど、ほんとのおらは、どんなわらしこなんだか分がらないと泣き、そこから一気呵成に女の一生が再現される。意味を見出せば、どんな痛みも耐えられるという桃子さんの痛みの歴史だ。うんと良くもなければ、悪くもない。探さなくても立ち現れる「おら」をあられもなく見せつけられ、胸騒ぎがした。

夫や子との関係も、別れと呼べば美しい。しかし実際は置き捨てられたような寂寥感が募る。それでも桃子さんは淋しさの先にあるものを摑んで、変幻自在な言葉にして投げ、幸福の形に囚われた世間の煩わしさから読者を解き放つ。

浮きたつような時間に誘われた女性たちの笑顔が、映えてまばゆい。

# 栄町市場のほろ苦くも楽しい日々

写真で見ると小劇場のセットのよう。宮里綾羽さんは那覇の栄町市場で古書店の副店長をしている。店長は父・千里さん。隣には金城さんが洋品店を構え、隔てる壁がない。互いに店番を担える作りになっていて、綾羽さんの向かいには金城さんが座っている。『本日の栄町市場と、旅する小書店』（ボーダーインク）を観客のように読み進むうちに、市場を訪れるお客さんや置かれた本から放たれる言葉に心惹かれて、心は栄町市場の住人になっていた。

栄町市場のほろ苦くも楽しい話が、次から次へと飛び出してくる。日々の商いはこんなにも喜びに溢れていて、調子がすぐれない時は、敢えて市場に出て、働きながら治すという比屋根さんのお話に頷いた。頑張るとか無理をするのではなく、向き合い、接することで織りなされる彼女の美しさと仕草がつぶさに描かれ、憧れる。「69年前の少女」ではとても正直な綾羽さんの思いが綴られていた。友人の叔父さんがスパイ容疑で日本軍に殺されたことを知った時、少女の哀しみや怒りを自分のこととして置き換えることはあまりにも難しく、「彼女の見た風景を一緒に見ようとするのだけど、それもできない」と、言葉にならない喉の奥の熱さが記されている。事実を数字にして消費してはいけない。簡単にわかるとは言わない綾羽さんを好きになった。ふいに生まれた「店の中の余白」に空間の主張を見つける視点も素敵に思う。「みんなさ、すべてがうまくいっている人ばかりではないでしょう。（略）50年間正直にやってきてよかったなぁって」化粧品店を閉める池原さんの言葉が肩を撫でるように優しかった。

読み終えてから、那覇へ行く機会を得た。寒波は那覇にも訪れていて、低い雲の下、栄町市場も震えていた。珈琲で暖をとって宮里小書店に向かうと、金城さんが「あやちゃんはちょっと忙しくて、風邪かな。今日はまだ来ないねー」と、店のカーテンを急ぎ開けてくださった。「綾羽さんの本を読んで訪ねてきました」と話すと「お父さんもね、いい文章を書くのよー。ここ、鞄置いてください」

一冊の本から始まる旅は須賀敦子のイタリア、米原万里のロシア、艶子おばさんのキューバと市場を始点に駆け巡っている。欲しい本がたくさんあり、散々迷ったが、大竹昭子さんのバリの本や懐かしい少女漫画のエッセイなどを買い、店を後に。

近くのブックスおおみねにも立ち寄った。二十四時間、那覇の声を凝縮して届けている。どちらも大切にすべき書店だと思うので、皆さんも是非市場へ、そして本屋へ。

# 幼い日を思い出す小池昌代のエッセイ

エッセイを読んでいて嬉しいのは、私が言葉にできない思いを、芯のある文章で情感をこめて表わす人に出会う時。小池昌代さんのエッセイはまさにそんな言葉の集合体で、『幼年　水の町』（白水社）では幼い頃の心情が濃密に綴られている。

記憶のなかの曖昧な部分が、下町深川の町を縦横に流れる水にたゆたい、材木屋の建ち並ぶ町の商人たちの気風のよさに吹き流されている感じが、心地いい。ともに暮らしてきた人々の情が、その記憶をくるんでいるように思う。

虚勢を張った友人が、立場が変わればあっという間にしぼんでいく様子や、屋上で起こる小さな事件、告白やいじめ、放課後なども描かれる。少女でいることは思い返しても苦しい。終わったはずの幼年時代がまだ私のどこかに残っているのだろうかと、鏡を眺めるように頁を覗いた。幼き目からみた友人や姉妹は、不意な力に弱くて脆い。

混然とした少女の心境を描いた一編「他人の重さ」を繰り返し読んでは、寄りかかってくる他者の体温と、それを疎んじ、撥ね除けようとする気持ちを苦々しく思い出していた。拒絶できない関係を、押したり引いたり、絡んだ糸をほどいてみたりしながら、振り切ろうとする。

「女の世界には、誰かの記憶に残る、糸ほぐしの名人が何人もいる」。身悶えするようなしがらみに目を背け、プツリと切り放つ自分の姿が何度も浮かんだ。

言葉の奥に溶かし込まれたもの。例えばこの本なら、無口な少女の声、孤独の内に磨かれた戦闘能力や、幼子のもつなまめかしさ、姉妹の距離などが、まだ世界と未分化だった頃の感受性を引き戻してくれる。

老いや忍び寄る死も描かれていた。巻末の掌編小説「スイッチ」では隅田川の水辺に生と死を映し出している。なぜだろう、まだ知らぬはずの死がもう懐かしくなった。

小池さんの言葉はいつもやさしい。歪みのない文章を飲み干すように読み終えると、心震え、すぐに誰かに薦めたくなる。

しかし、ちょっと疑念が湧いた。

描かれた心情や風景を自分に移し、記憶をすり替えて、小池さんの喜びや悲しみを私のものにしようとしていないか。いつの間にか私は幼い日のことをあまり思い出せなくなった。住む場所を変え、ひとりになると、記憶の刷り直しをする機会がないためだろう。

本を読んでいる間くらいは、上塗りされた記憶の中で暮らすことを許してほしいと、もう会うこともない人に、請うている。

# 季節を食で寿ぐ道子さんの言葉

春は石牟礼道子『食べごしらえ　おままごと』（中公文庫）を読む。桃の節句に始まり梅雨に七夕、新年の迎え方など季節の節目を食で寿ぎ、鰯、鯵鯖にきびなご、芹や川高菜、若菜を摘んで海や小川、山の精気を吸い込む。匂いたち香り豊かな随筆を上気しながら読むことは、この上なき幸福だと思う。

生命力の漲った道子さんの言葉には滋養があり、気力や体力だけでは補えない、人々を奮い立たせる力を持っている。その源となった暮らしぶりが、幼い頃初めて触れた大釜の米研ぎや、母と唄った豆や小麦のお囃子、名調子を繰り広げる厳格な父親など、折節の賑わいの中に描かれていた。

食べることに伴う憂いもある。猫が青草を嚙んで苦しげにもどす姿。「草のしなう方向にそって、丹念な優美な感じに首を動かす。(中略)毒消しのために草を食べているのだと、親たちが言っていた」。その先には「わたしが野草を好むのも、わが身の毒をもどすためだろうか」と続き、自然への畏敬の念がユーモアの中に包まれている。食の進まない時はこんな一節を読んで心宥《なだ》め、食物と食事の間の「こしらえ」を欠いて虚ろな身体になり果てた自分の食生活を省みたりする。

今のように炊事も便利ではなく、鍋釜を洗うだけでも、井戸端の洗い川で全身を使う大仕事だった。女が本を読むなんてもってのほかという空気にめげそうになった時のことを、読まねばならぬ本があったのにと爪を切りながら悔いる場面や、丸の内での座り込みの時に、東京の女子学生が「おさつ」と呼ぶ差し入れの石焼いもを、道子さんは甘さや温かさとは別の感慨で胸に抱く描写もある。その思いは是非本書の「水辺」「から藷を抱く」で。

冬と春の間にだけ訪れる、過去を断ち切る思いと、いかなる未来かわかりようもない心の原野へ押し出されるような鮮烈な感情を「かりそめの蘇生の時かもしれない」

としている。

そんな季節を間近に控えた二月十日に石牟礼道子さんは亡くなられ、翌朝九州の新聞各紙は全紙一面に追悼記事が大きく掲載された。折しも毎日新聞の記者米本浩二さんによる『評伝 石牟礼道子 渚に立つひと』（新潮社）が読売文学賞を受賞し、石牟礼さんの本を詩集の棚で拡げたばかりだった。年譜や索引が細やかな評伝で、石牟礼さんやその人生を支えたご家族や渡辺京二さんへの敬意と、石牟礼作品への愛情に満ち、詩人、歌人、作家、運動家、思想家としての声が本へ誘う貴重な一冊。こちらも是非手に。

## 笑いと涙のエッセイ集
## 『ねみみにみみず』

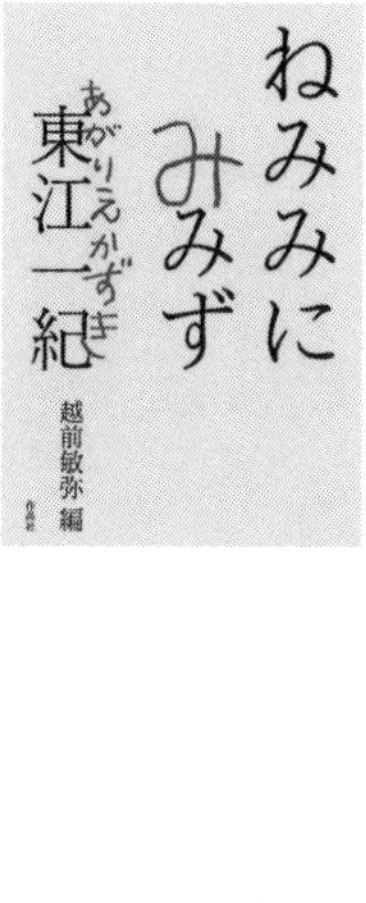


駄洒落と色話に貧乏と多忙をかぶせてこられると、バスの中でどんなに笑いを堪えても難しかった。もういいや、この本の可笑しさが伝わればかまわない。皆さん、東江一紀さんのエッセイ集『ねみみにみみず』（作品社）が出ましたよ。

翻訳家が締切と格闘する日常は、落語か漫画のようで、その感想もつい軽口をたたきたくなるけれど、言葉遊びの秒速連打にノックアウトされてしまい、とにかく読んでとしか言いようがない。楡井浩一他五つの名前を使い分けた東江さんの名翻訳も読んでみてくださいねと、いつもより高めの声で言う。思いが余ると言葉は足りない。

翻訳稼業は、言葉に忠実であることと探求心の強さを求められる一方で、「翻訳囚人同盟」を旗揚げしてしまうほどに、膨大な仕事量の割に、寄る辺がない。暮らしぶりは、夏休みを数年に一度「とるぞ」と宣言して、故郷沖縄へ里帰りしたり、応援し続けたベイスターズ三十八年ぶりの優勝に喜んだりと、あまりにもささやかで、謙虚だった。

巡る季節や過ぎ行く時間の受け止め方も東江さんらしさが光る。「春にかぎらず、来るとわかっているものは、特にうれしいことや楽しいことは、できるだけゆっくりと来てほしい」。冬が好きなわけではないけれど、冬の厳しさを消化できないうちに来る春は、しばし遠ざけたい気持ちになる。どんなに追われていても、周りの景色を見ながら歩くことを忘れたくない思いが満ちていた。

翻訳相談の連載では、罵倒語、悪態の言葉の量が日本の辞典では足りず、翻訳の生徒たちと共謀して罵倒語を集め始める。生徒たちは徐々に、単なる英文和訳から芸へと上達していった。学ぶ者の心に火をつける面倒見のよさ、読者が笑い転げている間に、翻訳を志す門下生たちが訳文と格闘し、ひとり立ちしてゆく姿が、この本の編者で翻訳家・越前敏弥さんのあとがきにも綴られていた。

教わった通りの訳では、商品にならない厳しい世界を渡ってゆくのに必要なものを、惜しみなく伝えている。人生経験や読書の蓄積、ねじれた性格もなぜか役に立つ。

翻訳で捨てなくてはいけないものは、度胸と悲壮、語釈に金科玉条など。「達意の文、〝芸〟の名に値する文を綴りながらも、けっして自分の主張を盛り込まない」ためには、解釈に迷い、逡巡することを惜しんではならない。竹を割ったような性格よりも、おどおど、うじうじ、ねちねち、ちまちまと。でも酒は割るな、ですって。最後の一編に挟まれる賀状と名刺を胸に、もう笑わせないでよと、涙。

# 戦火のセルビアの料理の記憶

詩人・翻訳者としても知られる山崎佳代子さんは、セルビアの豊かな口承文学の伝統に心奪われ、一九七九年からサラエボ（ボスニア・ヘルツェゴビナ）で学び、八一年にベオグラード（セルビア）に移り住んだ。セルビアは九〇年代、ユーゴスラビア内戦の戦火の中にいた。夫や息子たちとともに十年近く戦争時代を過ごすことになる。不幸な内戦で難民となった友人たちや、第二次世界大戦中子ども時代を生きた人々の言葉を山崎さんが日本語に訳すことにより、貴重な証言を私たちは読み、記憶することができる。実際に語られた日付を見れば、つい先日の出来事だ。

『パンと野いちご　戦火のセルビア、食物の記憶』（勁草書房）には語り手たちの経歴や背景、話した場所や記録方法も記されているが、事実を検証するドキュメンタリーとはやや異なる独特の歌謡のような響きがあった。たどたどしさや、饒舌さを持った個性的な語りが集まり、嘆きや怒りや諦めが交感し始める。別れの悲劇を美しい言葉で哀しく書き綴った、山崎さんの訳書、ダニロ・キシュ『若き日の哀しみ』（東京創元社）が思い浮かんだ。翻訳の傍らにこんな日々があったのだ。

語りの中心は食事。料理の記憶は、家族と暮らしの記録だ。手作りの保存食は、この地で家族と過ごしたいという安寧への願いを感じる。一方で明日をも知れぬ戦況の中で手に入った食材をすこしでも長く保たせようという切実な思いも感じられた。「食べ物とはね、思い出のこと。料理とは、甦りのことなの」で始まる、難民支援組織「ずとらぼ・だ・すて」のメンバー・リュビツァの話は、まるで長編詩のようだった。「食べ物とはね、心配、恐怖、愛、秘密のお話などをみんなで分け合う場所なのよ」。

ゴルダナの長い語り「私は市場に」も是非読んでみてほしい。クロアチアから難民となり、コソボへ、やがてベオグラードへと逃れる日々の中、二度難民となっている。

それぞれの土地での食の記憶が鮮明で、移り住んだ先の市場へ通う。「料理をするということは、家族がみんな仲良しだという感じを生み出してくれるからなの。／こうした状況のなかで、正常な気持ちを生み出してくれる」。

逃げまどい生き延びた市井の人の小さな歴史が報じられることは少ない。世界の片隅に生きていることを実感し、最終章のレシピを読んだ。文章だけでもおいしさは伝わってくる。厚手の鍋で煮込んだ豆料理や土鍋で焼いた肉詰めパプリカが特においしそう。生きるために不可欠な火を熾し続け、卓を囲んで輪ができる。歌い、詩を読む厳かな声が最後まで続いた。

# 時を経ても面白い
# 深代惇郎エッセイ集

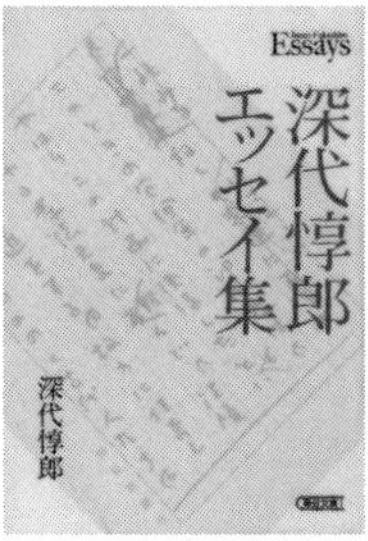


書かれた文字が立ち上がらず、物語として動き出さない。「本の雑誌」の読者の皆さんには解りにくいと思うけれど、なんの味気もなく字面を追うだけの状態で読んでいる人もいるのだ。読むのが遅いわりに内容を覚えていない理由もこの辺りにあって、ぼんやりとしている時間が長い。

言葉として読んで意味は理解できても、読書の喜びの根底にある情動が無く、砂を嚙むような時間が続く。他人事のように書いたけれど、実は私の事。本の中にずんずんと入っていける感受性が育たなかったのだろうか。その原因は未だわからずにいる。

抽斗から出てきた高校図書館の貸出カードを見ると、書籍化された社説などを借りていたようで、黒田清らがいた読売新聞大阪本社の「記者の窓から」や朝日新聞の「天声人語」などを借りた記録がある。なんだか可愛げがないけれど、本が嫌いだったわけではなさそうだ。テレビ局各局が競ってニュース番組を作っていた時代で、キャスターがもの言う番組を毎晩見ていた影響もあった。

本屋に勤めることになった時、読書家の上司たちはよく見抜いていて、出版社の方に私を紹介する時「なんかいろいろ活字読んでいるよ、この子」と言ってくれ、嬉しかったのを今も覚えている。

先日朝日文庫で『深代惇郎エッセイ集』が復刊された。読んでみると、時を経た面白さがあり、コラムよりすこし肩の力を抜いて楽しめる。中でも「世界名作の旅」という現地を探訪する紀行書評がスリリングで、『怒りのぶどう』では、作家スタインベックのシャイで誠実な部分を哀しい結末に漂わせ、『チボー家の人びと』では大河小説の緊迫感を刻み込むように訴えかけていた。

「『日本人論』を好む日本人」や「道徳アレルギー」は、今まさにコレと思う。道徳に反対するために、道徳をもってするよりほかない矛盾。大の大人のもどかしさには、可愛さと滑稽が同居していて、今でもそんな文章が定期的に欲しくなる。

本にまみれて働き続けるうちに、すこしは物語も楽しめるようになってきた。ぽかりとあいた読書の空白を埋めてみても、子どもの頃から読み続けた人にはかなわない。読めることへの憧れと、読まなかった後悔が何十年働いてもまだ、夜毎に訪れる。

毎年、課題図書や文庫フェアで夏が始まる。ピアニカも水泳も朝顔も不得手な人には嬉しくないが、本や楽器、水や植物に触れていると、貴重な友に出会う機会が増える。独りの時を過ごすにも、これらの相棒はいくつかあるときっといい。

# 残酷さと憤りを届ける『戦時の音楽』

酷暑と嵐が繰り返し訪れた今年の夏、一番聴いたのは「琉球弧の祭祀　久高島イザイホー」だった。大阪・北加賀屋フレアで宮里小書店のブースから購入したCDで、不思議に読書がすすむ祈りと歌謡。途絶えた伝承を音声と文字で残す、宮里千里さんの仕事の結晶が空調のきいた部屋に流れ、手にする本も街に埋もれた物語を蒐集したような短編小説が増えた。

レベッカ・マカーイ『戦時の音楽』（藤井光訳・新潮社）もそのひとつで、冒頭の見開き二頁の掌編「歌う女たち」でいきなり心を摑まれた。

テープレコーダーを持ち国境のバリケードを抜け、老婆の唄う嘆きの歌、弔いの歌、抗議と絶望の歌を録音し持ち帰る作曲家。歌は残ったはずだった。しかし独裁者は歌など聞く耳を持たず、声を頼りに村の殲滅を命じた。音を拾い残そうとする作曲家、独裁者、そのすべてをおとぎ話のように仕立てる語り手、誰もが残酷。もしかしたらそれを面白く読んでいる私が最も残酷ではないかという思いが巡った。

「これ以上ひどい思い」では、投獄中、右手薬指を切り落とされたバイオリニスト・ラデレスクを招き、その音色に家族と聞き入る少年アーロンの感性を覆うように、戦時の若者たちの日々が描かれている。聴衆は迫害の歴史に思いを馳せてラデレスクの演奏を聴いた。音色に生じた感情の正体――生き延びた者の罪悪感、悲しみ、怒りを知る者はアーロンと父、部屋の中を漂うハンガリーの亡霊たちに限られる。大人たちに呪詛ともつかぬ祈りを浴びせられ、見えないものへの畏怖をもって世界に触れる無垢なアーロンが奏でる音の緊迫感が、耳を離れなかった。

サーカス団の死んだゾウの始末に思い悩む町の人々と牧師の対話劇「リトルフォーク奇跡の数年間」のような、のどかでいて示唆に富んだ話もあれば、現代のピアノにバッハがタイムスリップしてくるといった都市の奇譚も混ざりこむ。残酷さや罪悪感の奥にある悪気のない罪を許すには、このくらいのめまぐるしさが必要なのかなと、古代の詩のように美しく並ぶ目次を見直して思った。

「言い伝え」と称する三編には、豪快な作家だった祖母が現れる。乱入した兵士にインクを飲ませ、罪に問われるような小説を書いた祖母の思いを、自らも作家として記憶の中に留め、新たな物語に紡いで歴史の線としてゆく孫娘。戦禍の強い憤りをユーモアに乗せて今に届ける軽やかな偉業が、読んで楽しい。

## 個性と美しさを備えた『紳士の名品50』

仕事は毎日のことだからリラックスした格好で、という考えがすこしずつ変わってきた。急な取材やお詫びなどシリアスな場面に立つことが増えた所為もあると思う。疲れないかと言われれば、確かにちょっと背伸びをしているので、くたびれる時もある。迷ったら、中野香織さんのパリッとしたエッセイを読んで、手の届かない世界への憧れに紙の上で触れ、背筋を伸ばす。

『紳士の名品50』（小学館）は、紳士のために選ばれたアイテムに隠された歴史や機能に秘められた技術が、品格と色香の漂う文章で描かれる。持続的に愛されてきたものは、時代に合わせてアレンジが加えられてきた。身につけると小さな変身が叶えられ、自信が持てる。すこし手入れが必要なのも、いいなと思う。狂わない時計、壊れ

ないペンなど便利なものが出てきても、その絶対的な利便性に歩調が合わず、怖れてしまう。

必携の小道具の中にはベッセルのねじ回しやナカタのハンガーが含まれていた。体の延長線上にあり、分身ともいえる道具の個性と美しさ。すでに完成しきった品を進化させ、廃れずに残るものは何だろうかと近頃思うことが多い。

「年月とともに移ろいゆく感情も、ほとばしったその瞬間は真実なのだ。その貴重な時間を止め、心の声を書きとめ、誰かに匂いやかに伝えることができる」。

書くという行為をこんな風に表現する中野さんの文章はいつも情熱と理知が備わり、頼りがいがある。慣れ親しんだものと一線を引き、立ち入られたくない感情が芽生えた時に読んできた。

紳士という言葉には階層的な印象も漂うが、ここでの紳士は強かで、さりげないことが目次を読むとわかる。フェアファクスのネクタイの魅力を「陰影とバランスのくずれ」に見つけたり、照れ隠しのためか憮然と花束を抱える男のぎこちなさを素敵に思ったりする。

　そういえば、私の勤め先にはかつて洋品部門があった。舶来・国産の良い品が目の前を通りすぎる。お客様や社員にもカフリンクス、サスペンダー、ポケットチーフが珍しくなく、三つ揃いのスーツも見かけた。私だけ給料が違うんじゃないかと疑ったりしたが、当時の店長は手頃なボールペンをあまり使わず、ＰＯＳデータに万年筆で「発注しろ」と印をつけて渡してきたりして、独特な環境だったと今になって思う。両手に本を抱えたまままいつまで背伸びを続けられるのだろう。くたびれたつま先で扉を開ける行儀の悪い私を、いつかの紳士たちよ、大らかに迎えてほしい。

# 「読婦の友」たちの文読む月日

福岡の本のイベント・ブックオカで、夜な夜な楽しむ男たちを後目《しりめ》に始まった婦人部の小冊子「読婦の友」も、続くこと五号。

四年の間に読婦たちは、子を産み、育て、親を亡くし、職を変え、介護をしながら、文読む月日を重ねてきた。全員が集まれる日は、年に二度あるかないか。それでも続いたのは、強い熱意をもった人と、いつも同じ熱量で走り続けられる人の両方がいたから。自由はきかなくても決して型には嵌らない人たちによって、いつもひらりと紙面はできていて、ライター正井さんの構成力とデザイナー川上さんの的確さ、編集者池田さんの判断力に圧倒される。

読婦の友

巻頭の座談のテーマは日記について。武田百合子から植本一子さん、女房たちによる古典まで。書き綴ることによって生まれる言葉への思いがよぎる。備忘のつもりでいたものが、思いもよらぬ考えをもたらすことは私にも少なからずあった。

編集期間中に書評家の和泉さんは母親を亡くしている。「ホンのご縁で」というインタビューコラムの最後に載せた母娘妹の懐かしい写真を眺めると、誰もが胸に留めている晴れた日を思い起こすに違いない。

脳出血の夫を介護するタカクラさんは、おなじみのマンガ付きのコラムを寄せてくれた。同居人と呼ぶ新聞記者の夫の意識がまだ戻らない頃、同僚の方に「どこかで絶対書きましょうね」と言われ「すげえな」と驚く。書くことの先にあるものをいつも見せてくれるタカクラさんらしいひと言だ。彼女の背中にどれだけ励まされてきただろう。

本一冊薦めるにも、言葉を選ぶ困難があり、批判も受ける。それでも続けていると、そこには広場《スクエア》ができ、誰かが輝き躍る場所になる。ままならぬ日常に輝きを失ったとしても、躍る場が残されていれば、人は踊りを思い出すことができると思う。心枯れても、周りが踊れば立ち尽くす者が要《かなめ》となって躍動は続く。しかし疲れるとふと思う。帰る場所などなくても、みんなそれなりにやっていくんじゃないのと。

十数年前、啓文社の児玉さんを訪ねてひとり尾道に行ったことがあった。「人が笑いそうなことを真剣にやるんよ。合理主義者はまつりをなくすでしょ」。

仕事は合理的に進めたい一方で、児玉さんの言葉をいつも手元で握りしめている。年に数回児玉さんから電話が鳴った。「問題になっているあの雑誌、売る？　僕はこういう時、売る主義」「私もです」。そんな他愛ない話ばかりだった。たくさんの思いを抱えて、帰り道に迷う日々は続いている。

# タイムレコーダーの前で

バックヤードでみんなが「好きなもの」を語っているのを聴くのが一番楽しい。いつも立ち話、通りすがりでじっくりと聴くことはないけれど、仕事終わりのタイムレコーダーの前で銘々の言葉を耳にすると、今日もいい一日だったと思う。

大した趣味を持たずに暮らしている私を見て「推しがないと早死にしちゃうよ」と友人がいつも心配してくれた。ありがたい助言と思い探してみるが、いまだに見つからずにいる。いつもコトリと眠って夢さえ見ずに、寝ても覚めても目前にあるのは、平坦な日々で、望むことは目覚めた朝が嬉しいことだけだった。きっと夢中を避けている。だって昔あんなに好きだった歌も、もう耳に馴染まないし、泡のように消えてしまうもの。

この本の初稿を受け取った時、その厚さに驚いた。連載時はただ、いい文章が書けたらいいなと思って持てる力を毎月振り絞るばかりだったが、時とともに文章は降り積もっていた。

新しい日常を求められる災禍の中でも、本屋には多くのお客様がいる。愛想のない店員を横目に立ち読みをする方々は、おそらく変わりない日常を探してここへたどり着いているのではないかと思う。スタッフは皆朝から薄着で、ひと汗、いや大汗にむせながら、皆さんの日常を作っている。ひとりで作れるものなんて何ひとつない。変わらぬものを手繰り、新しいものが生まれる場を大切にして、店を開けながら誰かの朝を思い、本を買って早くお帰り、おいしいごはんと楽しいお話が待っているよと夜、店を閉める。

たくさんの本を読む人に出会い、私ももっと本を読める人になりたいと思ってきた。読むことの難しさを痛みのように感じることもあり、すべて手放したらどんな暮らしが待っているのだろうと思うけれど、もうそれすら想像できないところへ来てしまった。抱いた不安や嫉妬を捨て去ることは難しい。私よりもたくさんのことを知っている、多くの物語を持っている人へのあこがれを纏って、僅かでも近づくために本を手にする日々はこれからも続くと思う。さまざまな迷いを伝えてみたらと手を差し延べてくださった方々に感謝の思いを添えて。個々への謝意は今度お会いした時に打ち明けさせてください。

初出

「記憶の蓋」「細い道を」「サンタがこない」「タイムレコーダーの前で」は書き下ろし
「灰色の空の思念と謎を追って」から「愚直な女性の『聡明な狂気』」は、西日本新聞より
それ以外は「本の雑誌」二〇一五年一月号～二〇一八年十二月号掲載

徳永圭子（とくなが・けいこ）
1974年生まれ。1997年より書店に勤務する。雑誌や新聞で書評やコラムを連載。本作が初の著書。

暗がりで本を読む
二〇二〇年十月三十一日　初版第一刷発行
二〇二一年五月二日　初版第二刷発行
著者　徳永圭子
編集　杉江由次
発行人　浜本茂
印刷　中央精版印刷株式会社
発行所　株式会社本の雑誌社
〒101－0051
東京都千代田区神田神保町1－37　友田三和ビル5F
電話　03（3295）1071
振替　00150－3－50378

定価はカバーに表示してあります
ISBN978-4-86011-448-0　C0095